基金项目：2020 年度省级线下一流课程（排舞），浙教办函〔2021〕195 号；2022 年度校级教学研究与改革重点项目（高校体育课程思政建设研究，2022-jg28）浙江科技学院教务处〔2022〕8 号。

体育强国视域下高校体育教学创新发展研究

杨榕斌◎著

中国原子能出版社

图书在版编目（CIP）数据

体育强国视域下高校体育教学创新发展研究 / 杨榕斌著.
— 北京 ： 中国原子能出版社， 2022.7
ISBN 978-7-5221-2027-0

Ⅰ．①体… Ⅱ．①杨… Ⅲ．①体育教学－教学研究－
高等学校 Ⅳ．① G807.4

中国版本图书馆 CIP 数据核字（2022）第 133331 号

体育强国视域下高校体育教学创新发展研究

出版发行	中国原子能出版社（北京市海淀区阜成路 43 号　100048）
责任编辑	王　蕾
责任印制	赵　明
装帧设计	李　伟
印　　刷	北京天恒嘉业印刷有限公司
经　　销	全国新华书店
开　　本	787 mm×1092 mm　　1/16
印　　张	11.5
字　　数	200 千字
版　　次	2022 年 7 月第 1 版　 2022 年 7 月第 1 次印刷
标准书号	ISBN 978-7-5221-2027-0　　　定　价 72.00 元

网　址：http//www.aep.com.cn　　E-mail: atomep123@126.com
发行电话：010-68452845　　　　版权所有　翻印必究

作者简介

　　杨榕斌　女，毕业于上海体育学院，体育教育专业，硕士，现就职于浙江科技学院，副教授，研究方向为体育教学的理论与方法研究。

　　科研成果：近几年主持厅局级及以上课题共 8 项，出版专著两部，发表论文十余篇。

　　教研成果：主持 2020 浙江省一流线下课程（排舞）一门；主持 2020 浙江省教育科学规划课题一项；主持 2022 校级重点教学与改革研究项目一项；2021 排舞课程思政示范课程负责人；2020 排舞精品在线课程负责人；2020 年获校级教学成果奖一项。

　　高校体育教学不仅是我国高校教育的重要组成部分，同时也是我国体育教育的重要组成部分。通过开展体育教育不仅可以推动我国体育、教育事业的发展，也能在程度上提升学生的综合素质。

　　2019 年 9 月 2 日，国务院办公厅印发《体育强国建设纲要》（以下简称《纲要》），《纲要》提出，到 2035 年，城乡居民《国民体质测定标准》合格率要超过92%。作为现阶段我国体育工作改革和发展的重要目标与任务，体育强国是国家高度重视的战略之一，实现体育大国向体育强国的转变，也体现出了我国在体育强国方面的信心与决心。习近平总书记强调：“新中国成立 70 年来，体育事业取得伟大成就。体育既是国家强盛应有之义，也是人民健康幸福生活的重要组成部分。中国正在建设体育强国。”加快体育强国的建设步伐，不仅可以提升国民的身体素质水平，同时也在无形中提升我国的综合国力，与此同时建设体育强国在一定程度上也是促进国际交流的重要媒介。

　　加快高校体育教学改革对于实现体育强国建设目标具有十分重要的作用和意义，在“以人为本”“健康第一”“终身体育”等新的教学理念指导下，在“体育强国”“健康中国”“全民健身”的体育梦想的促进下，高校体育面向最广大的受教育群体，肩负着促进大学生群体身心健康发展和社会性发展的重要责任。

　　随着时代的发展，高校体育教学需要面对众多问题，如新思想、新形势，以及新学生等，所以在体育教学中需要紧随时代形势的变化，不断改革、创新体育教学，从而使高校体育教学培养出符合当前社会发展需求的人才。

　　在内容上，本书共分为六个章节，第一章为高校体育教学发展与演进，主要就高校体育教学的基本理论、高校体育教学现状及问题、高校体育教学的发展趋势三个方面展开论述；第二章为体育强国战略下高校体育教学，主要围绕体育强国概念及战略目标、体育强国下体育教育理念展开论述；第三章为体育强国战略下高校体育教学改革，介绍了高校体育基础知识创新教学与高校体育教育教学模式构建的内容；第四章为体育强国战略下高校体育教学体系创新应用，依次介绍了高校体育教学目标创新、高校体育教学内容创新、高校体育教学方法创新三个方面的内容；第五章为体育强国战略下高校体育教学评价创新完善，分为两部分内容，高校体育教学评价概述与高校体育教学评价创新与完善；第六章为体育强国战略下高校体育教学与运动实践，依次介绍了高校体育教学——大球类运动、高校体育教学——小球类运动、高校体育教学——户外类运动、高校体育教学——其他类运动四方面的内容。

在撰写本书的过程中，作者得到了许多专家学者的帮助和指导，参考了大量的学术文献，在此表示真诚的感谢。本书内容系统全面，论述条理清晰、深入浅出，但由于作者水平有限，书中难免会有疏漏之处，希望广大同行及时指正。

作者

2022 年 3 月

目　录

第一章 高校体育教学发展与演进

体育教学是我国学校教育的一个重要组成部分，重视高校体育教育教学的深化改革不仅有助于切实促进大学生群体的身心健康发展，也能引起全社会对学校体育教育的重视，可以全面促进我国学校体育教育的发展、丰富我国教育内容、完善我国教育体系。本章从高校体育教学的基本理论、高校体育教学现状及问题，以及高校体育教学的发展趋势三方面对高校体育教学发展与演进展开论述。

第一节 高校体育教学的基本理论

一、体育教学理论的学科性质

所谓学科性质主要指的是某一个科学分支或某一科学领域的特质。在对一门学科性质进行认定分析时，会对该门学科产生多方面影响，如该学科在科学领域的归属、分类等。体育教学理论学科性质的认定使此学科得以确认。从某种意义上来讲，正是由于体育教学理论独特的性质，才使其可以独立于其他学科而存在。

结合当前学者对体育教学理论的研究成果，以及社会科学对学科性质的归类，我们可以将学科性质归结为应用科学、理论科学，以及理论兼应用科学三大类。虽然体育教学理论可以按照上述方法进行界定，但是又不能单纯地以此种方法进行界定，这主要是因为一门学科性质的认定需要考虑多方面因素，如学科相关概念、学科特点，以及其他学科性质对该学科的影响等。

从本质上来讲，体育教学理论从属于分科教学论，为此它的学科性质受到教学论学科性质的影响。目前，学术界关于教学论学科性质的研究还处于发展阶段，学者对该学科性质的认定尚未达成一致。17 世纪夸美纽斯在《大教学论》中就指出："寻找一种教学方法，使得教师虽可以少教，但是学生可以多学。"[①] 从这句话

---

① （捷）夸美纽斯. 大教学论 [M]. 傅任敢译. 北京：人民教育出版社，1984.

中我们不难发现，夸美纽斯主要研究的是教学方法、教学技巧等，他的这种教学观点很受西方学者的赞同。持此种观点的学者认为教学论学科性质应定性为"研究特定教学方法和教学技术的学科"。

随着学者对教育理论研究的深入，20世纪七八十年代在欧洲和苏联出现了与夸美纽斯观点不同的学者，其中苏联学者达尼洛夫、叶希波夫在《教学论》中指出："教学论是教与学的一部分。"① 他们在研究中对教育和教学的理论进行了深入阐述，并在研究侧重点上也发生转变，其研究面更加宽泛，如学校教育任务、教育内容、教学原则、教学方法、教学组织形式，以及学生通过学习掌握知识、技能、技巧的过程等，他们认为教学论主要是对教学一般规律的研究，所以应当将教学论性质界定为一般规律的理论学科。

我国部分学者也对体育教学理论的学科性质做了思辨性研究，如张学忠、毛振明指出："体育教学理论是集理论性和应用性于一体的综合性学科。前者说明体育教学理论研究体育教学现象、特征、本质和规律等基本问题，不断提高体育教学基础理论的科学性和系统性，具有理论性学科的特征；后者说明体育教学理论研究的基本理论要运用体育教学实践，从而指导和服务于教学实践，具有应用性学科的特征。因此，具有综合性学科的特征。"② 还有学者认为，体育教学理论属于应用理论研究，其研究的根本途径在于通过研究体育教学活动和现象，揭示体育教学客观规律是建立具体而系统的体育教学范畴和理论体系，说明和解决体育教学活动的关系和课题，并运用到体育教学实践中去③。

从上文的分析中可以得知体育教学理论是分科教学论的组成部分，为此对体育教学理论学科性质的认定，首先要建立在综合教学论认识的基础上，与此同时结合体育学科自身的特点对体育教学理论的学科性质进行认定。从宏观角度而言，体育教学理论不仅要包含体育理论知识方面的教学，还要包含一定的实践教学，即将体育理论知识运用于实践当中。所以体育教学理论要充分考虑体育实践教学的需求，同时通过实践教学不断总结体育教学模式、体育教学方法、体育教学技巧，等等，除此之外还要总结体育实践教学中的一般教学规律，以此来更好地

---

① （苏联）达尼洛夫，叶希波夫. 教学论 [M]. 北京：人民教育出版社，1961.

② 张学忠，杨小永. 体育课程论理论体系构建的基本问题：概念、性质、对象和任务 [J]. 北京体育大学学报，2014，37（03）：107-111+116.

③ 张志勇. 体育教学理论 [M]. 北京：科学出版社，2005.

指导体育理论教学。综上所述，作者认为体育教学理论的学科性质为实践性很强的理论型应用学科。

二、体育教学理论的研究对象

无论是何种学科都有其核心领域，简而言之，每个学科都有他们独特的研究对象，而特定的研究对象亦是一门学科产生的必要条件。所以对体育教学理论研究对象的确定是实现体育教学理论学科化的必要过程，同时对体育教学理论学科未来的发展也具有十分重要的意义。所以我们引出了两个问题：第一，体育教学理论的研究对象是什么？第二，如何确定体育教学理论的研究对象？

针对以上的问题，作者认为想要明确体育教学理论的研究对象，需要从以下几个方面出发：

第一，体育教学理论的研究对象必须是客观的，然而这并不意味所有客观存在都能够成为体育教学理论的研究对象。

第二，要弄清楚体育教学理论研究对象与体育教学理论概念内涵的区别，切勿将二者混淆。体育教学理论的研究对象侧重于体育教学理论要研究什么，而其概念内涵主要强调的是体育教学理论的本质属性。

第三，弄清楚体育教学理论研究对象与体育教学理论研究任务的区别。虽然体育教学理论是研究体育教学一般规律的学科，但是这并不代表其研究对象是体育教学的一般规律。

第四，通常情况下体育教学理论所要解决的特殊矛盾的任务直接决定了它所要研究的对象，所以想要明确体育教学理论的研究对象，我们需要了解该学科所要解决的特殊矛盾。从体育教学理论学科的特殊性角度来看，它之所以特殊，主要缘于它研究的是"教与学"的矛盾。所以只要我们抓住了教与学的本质问题，就从根本上了解了体育教学理论的教学对象。

第五，弄清楚体育教学理论研究对象与体育教学理论研究客体的区别。所谓的体育教学理论研究客体，主要指的是整个体育教学活动，所以我们不能将其与体育教学理论研究对象混为一谈。

结合以上的分析，对学术界关于体育教学理论研究对象的界定进行了相应梳理，最终总结出当前我国学术界学者关于体育教学理论研究对象有两种不同的看法：第一类，此部分学者认为体育教学理论的研究对象应当是体育教学的一般规律。樊临虎在其《体育教学理论》里认为："体育教学理论的研究对象是探索体育教学本质与规律，寻求最优化的教学途径与方法用于体育教学实践，提高体育教学质量。"第二类，这部分学者认为体育教学理论研究对象应当是各种具体的教学变量及教学要素。如张学忠、毛振明认为："体育教学理论研究的对象是体育教学问题"[①] 等。

根据以上论述，作者认为，体育教学理论的研究对象是从体育教学中所要解决的特殊矛盾、体育教学的任务及教与学的问题出发来研究体育教学活动中所面临和所要解决的问题。

三、体育教学理论研究的基本范畴

通常情况下来讲，基本范畴是研究一个学科的最基本问题。一般来说，学科的研究对象、基本属性以及研究方法等都属于学科研究的基本范畴。从体育教学本质上来看，它是一个复杂的教育现象，所以想要弄清楚体育教学理论的基本范畴需要从多方面考虑。首先，体育教学理论学科性质。在上文的分析中我们得知体育教学理论学科是一门实践性很强的理论应用型学科，它不仅要研究体育教学的一般规律，还要将这些体育教学规律运用到实践当中，所以这些都是体育教学理论研究的基本范畴。此外体育教学理论的研究对象、研究方法以及体育教学理论学科的基本属性等也属于其研究的范畴。其次，体育教学系统。构成体育教学系统的要素有多方面，如教师、学生、教材、教学目的等，而不同的构成要素在体育教学系统中的作用也不尽相同，所以这些要素均是体育教学理论研究基本范畴的构成体。

如果我们想要真正弄清体育教学理论研究的基本范畴，就不能只看到这些体育教学的表面，还要透过现象看本质。从根本上来讲，体育教学理论研究的基本范畴具有如下特点：第一，能够适用于任何体育教学活动；第二，具有相对的稳定性；第三，可以进行多次重复操作，且最终结果相似；第四，拥有矛盾辩证统一性，从而不断解释体育教学活动的各种关系，并形成相应的体育教学理论体系；

① 张学忠，杨小永. 体育课程理论体系构建的基本问题：概念、性质、对象和任务 [J]. 北京体育大学学报，2014，37（03）：107-111+116.

第五，具有一定的结构性。如果想要达到这样的要求，我们便需要对体育教学中的矛盾统一体有一个深入的认识。在体育教学中学生是认识和发展的主体，而体育理论知识和技术是客体，教师则是连接主体和客体的媒介，无论是主体与客体之间、主体与媒介之间，还是客体与媒介之间都存在一定的矛盾，而不同的矛盾对体育教学的影响和作用也不相同。其中体育教学理论发展的"助推器"随着主体与客体之间矛盾的转化与上升，可以为体育教学的发展提供动力，这在一定程度上也构成了体育教学理论研究的三个基本范畴，即学生、媒介、教学理论与技术。通过对基本范畴的深入推理，可以得出体育教学理论研究的内容体系。

首先，学生范畴中的研究内容。该范畴内主要包含三方面的研究内容：第一，在体育教学活动中如何培养学生的主体性；第二，在体育教学中主体和客体以及二者之间的关系；第三，体育教学过程中的主体性。

其次，媒介范畴中的研究内容。其研究内容主要包含以下几个方面：第一，体育教学过程中的主体性；第二，体育教学中的教学目标；第三，体育教学中的教学环境；第四，体育教学中的教学艺术；第五，体育教学中的教学管理与评价。

最后，体育教学理论与技术范畴中的研究内容。它主要包含以下几方面的研究内容：第一，体育教学过程；第二，体育教学系统；第三，体育教学方法；第四，体育教学原则；第五，体育教学模式；第六，体育教学组织形式；第七，体育教学内容。这些教学内容共同构成了体育教学理论的学科体系。

四、体育教学理论综述

（一）体育学科特性理论

1. 背景与问题

体育教学理论研究之所以举步维艰，很大的原因在于缺乏对体育学科特性的深入认识。当前体育教学理论也仅仅是模仿一般教学理论，如果长时间内无法对该学科有一个深入的认识，不仅会限制体育教学理论的发展，同时也会影响体育教学改革的推进与效果。

2. 理论要点

每个学科都有其独特的性质，而体育学科的特性尤为突出，这主要是因为它的学习内容以技术为主。也正是受此方面因素的影响，无论是体育教学的课程管理、体育教学内容的选编，还是体育教学的实施都有其显著的特点和困难。例如，体育教学效果的即时性评价；一项多能及多项一能，其中一项多能指的是内容的多指向性，多项一能指的是内容之间的可替代性；体育学科教学内容的广泛与繁杂；学科内容之间缺乏紧密联系，多数学科内容之间处于平行关系。

（二）运动认知理论

1. 背景与问题

加强对体育学科的认知有助于深刻了解这一学科的本质，我们不仅要认识体育学科是不是单纯的学习运动技能，是不是通过有限的时间来锻炼身体等问题，还要从人体运动学角度出发深入解决运动和学习运动的本质。通过了解体育学科的认知性学习和其他学科认知性学习之间的联系与区别，不仅可以帮助我们深入了解体育学科的本质，同时也有助于体育教材以及体育教学方法的开发。

2. 理论要点

体育是人的认知能力的培养，人的认知分三大类。

第一，概念认知。所谓的概念认知即通过概念对事物有一个了解，哪怕这个事物我们没有见过，如即使不到赤道，我们也可以知道赤道。在众多学科中担任概念认知的学科主要有以下几种：语文、物理、化学等。

第二，感觉认知。目前担负感觉认知的学科主要有美术、音乐等学科，在教学中人们通过感官来掌握知识。

第三，身体运动认知。通常情况下，受过体育专业训练的人速度、力量等方面都要优于常人，从某种意义上讲这就是运动认知水平的表现。人的运动认知水平的提升不仅与他们的学习、生活相关，同时也与个人的身体健康有密切关系，这种运动认知只有通过体育学习才能获得，而体育运动学习的主要途径是体育课，这在无形中也反映了体育学科的价值所在。

（三）掌握运动技能的两类型理论

1. 背景与问题

为什么会出现学生学会了运球和双手胸前传球依然不能参加比赛？为什么仔细地教学生起跑和传接棒那么让学生反感？为什么球类教学出现了领会教学法？

为什么有完整教学法和分解教学法？哪些教学要用完整教学法，哪些教学要用分解教学法？这其中的规律的揭示对于体育教学规律的认识和体育教法研究都至关重要。

2. 理论要点

（1）在体育运动中存在"会"与"不会"的问题，而此方面的问题也随体育运动项目的变化而变化，例如游泳、舞蹈、滑冰、器械体操等部分有难度的动作，在学习这些动作时存在"会"与"不会"的本质区别，而且这些动作与日常生活中的动作存在较大的区别。而有些体育运动则不存在"会"与"不会"的本质区别，这些动作只存在"好"与"不好"的区别，如跑、跳、投等，这些动作与日常生活中的动作十分相似。此外还有部分运动介于以上两者之间，如集体性球类运动项目，此类运动项目不仅涉及动作技术问题，同时也涉及战术问题，所以此类运动项目不仅存在"会"与"不会"的区别，还存在"好"与"不好"的区别。体育教学顺序和教学方法也会随体育运动项目的性质而变化。

（2）首先，存在"会"与"不会"本质区别的运动项目的教学方法应当首先选择分解教学法，从而实现循序渐进教学的目的，如在开展游泳教学时，我们不能直接将不会游泳的学生丢入游泳池直接学习游泳，而是对游泳动作进行分解教学，使其逐渐掌握游泳动作技巧。其次，对于那些不存在"会"与"不会"本质区别的运动项目，如跑、跳等，在开始时可以不必从分解教学法开始，可以直接进行完整教学，所以这种学习在很多情况下不需要由易到难这一循序渐进的过程。再次，关于集体性球类运动项目，由于它不仅存在"会"与"不会"的区别，也存在"好"与"不好"的区别，即存在技术和战术的问题，所以有时在教学时需要先采用整体教学法，让学生从整体上了解此类运动项目的技术和战术特性，即"整体教学法—分解教学法—整体教学法"的教学过程。最后，对于那些个性球类项目及器械性运动项目，器械在此类运动项目中占据十分重要的地位，同时也是体现运动项目特性的关键因素，为此在教学中不能抛开器械进行教学。

（四）体育教学中"即时评价"理论

1. 背景与问题

为什么一些学生能在体育课中体会到成就感，为什么一些女生惧怕体育课，体育课什么地方招人喜爱，什么东西让人惧怕，多年来一直不太清楚，原来其中的原委是"体育的即时评价"。

2. 理论要点

从某种意义上讲，体育运动技能的好坏直接反映了体育课的教学效果，而体育运动技能水平通过体育学习可以立刻显现出来，换句话说，人们通过外部观察学习者的运动状态，便可以了解学习者是否掌握运动技术，同时也可以了解学习者体育运动技能学习的快慢，为此可以对体育教学进行即时评价。

（五）成功体育理论

1. 背景与问题

随着我国体育教育事业的快速发展，"快乐体育"理论在 20 世纪 80 年代末至 20 世纪 90 年代初成为中国体育教育的主流教育理论之一，它对推动我国体育教学改革起到了极大的作用。然而"快乐"却很容易让人们产生误解，部分人将"快乐"误解为欢快的氛围，从而导致部分体育教学过度追求欢快氛围而忽视了体育教学质量。这让我们不得不反思快乐体育到底追求的是什么。

2. 理论要点

成功体育理论的提出主要基于快乐体育理论，但是成功体育理论的立意要远高于快乐体育。成功体育更加侧重于培养学生体育实践的能力，这为终身体育打下了坚实基础，除此之外成功体育也十分注重提升学生在体育学习中的喜悦感。成功体育理论并不排斥失败，该理论甚至认为必要的挫折和失败可以让学生更好地体验成功。虽然成功体育理论并不排斥失败，但这并不代表它允许莫名其妙的失败、以失败而告终的失败。目前成功体育理论经过多年的实践，已经逐渐形成了独特的方法理论和内容。

（六）竞技运动教材化的方向与方法理论

1. 背景与问题

伴随着我国体育教育的飞速发展，人们对体育教育的认识也愈发深刻，并于1978 年提出了"打破以竞赛项目为教材编排体系"的口号，这一口号的提出直接推动了人们对竞赛项目在体育教学中的相关讨论。1993 年《中国学校体育》杂志上的一篇文章——"为什么要教背向滑步推铅球"再次将竞技教材推上了风口浪尖。在理论学术思想的碰撞下，一个新的体育理论思想悄然而生——竞技运动教材化。然而如何实现竞技运动教材化依然是当前体育教材改造需要解决的重点问题之一。

2. 理论要点

（1）体育内容分为两个层面：素材、教材。

（2）体育教材化工作分为两个层面：课程层面，即大规模的研究；教学层面，即小规模的研究。

（3）体育教材化的方向和方法：游戏化、理想化、动作教育化、简化、文化化、生活化、运动处方化、变形化、理性化。

第二节 高校体育教学现状及问题

一、高校体育教学的现状

与之前相比，体育教学在高校教育中有了明显改善，如教学基础设施、教学制度、教学课程安排等。总而言之，当前我国高校体育教学情况良好。

我国高校体育教学现状概况如下。

（1）教学目标："育人"。

（2）课程设置：课程设置发生了相应的转变，由之前重视竞技体育及三基教学逐渐将侧重点放在学生终身体育意识培养方面。

（3）教学实施：随着我国体育教学改革的推进，创新成为体育教学的主流趋势，然而在实际教学中却很难做到体育教学创新，大部分体育教师缺乏创新经验，因此其教学效果也不是十分理想。

（4）教学设施：高校体育教学设施得到了较大改善，电气化教学逐渐融入高校体育教学，但是普及率并不是很高。此外，新媒体教学技术在高校体育教学中的应用还存在诸多问题。最后，高校体育场地及设施的使用率较低。

（5）师资建设：从整体上来讲高校体育教师的综合素质水平相对较低，需要进一步提升。

目前我国体育教学仍然存在一些问题，同时我国高校体育教学也正处于一个改革发展的关键阶段。

二、高校体育教学中存在的问题

（一）体育教学理论研究滞后

相对于世界其他国家而言，我国学者关于体育理论方面的研究相对较少，且研究成果具有一定的滞后性，无法满足体育教学实践需求。

当前我国体育教学理论研究中还存在一个问题，即体育教学理论研究不够深入。导致这一现象的原因有多方面，首先我国体育教学理论研究学者相对较少；其次我国体育教学理论研究起步时间较晚，且体育教学实践也不够深入，从而导致出现体育教学实践无法支撑体育教学理论研究的局面。

（二）体育教学思想观念落后

受多方面因素的影响，长时间以来我国体育教学始终为政治、经济等方面的发展服务，为此体育教学无法真正落实到关注学生身心健康发展上来。

在 1978 年改革开放之后，我国社会各界对国外事物的态度发生了较大的转变，如政治、经济、教育等方面。从具体上来讲，改革开放之后我国逐渐引入了国外先进的教学理念、教学思想以及教学方法等。我国在引入西方先进教学思想的同时，也将其与我国国情相结合，不断探索适合我国教育事业发展的教育理念。然而受传统教学思想、观念的影响，我国依然存在许多教学问题，如：重视课堂教学，忽视课外教学；重视班级尖子生培养，忽视班级整体学生培养，等等。此时期，我国的体育教学思想仅仅停留在"教学"层面，并未深入"人的研究"层面。

新时代，我国对高校体育教育的重视程度日益提升，与此同时在高校体育教学改革、时代发展的双重推动下，我国高校体育教学发生了翻天覆地的变化，新的教育理念、新的教学方法等在高校体育实践教学中得到应用。在我国社会需求的影响下，我国高校体育教学将培养符合社会发展的高素质人才作为教学目标，并在此基础上借鉴西方教学经验，不断完善我国高校体育教学体系，如教学内容的完善、教学制度的调整以及教学方法的改进，我国高校体育教学在这些方面的转变，无形中提升了学生参与体育学习的兴趣，这为我国高校体育教学改革创造了一个良好的契机。

（三）体育教学目标不明确

当前高校体育教学目标尚不明确，具体表现如下。

（1）高校教师在体育教学中仍然以完成教学任务为目的，而学生也以修学分为目的，此外高校体育教与学的形态及教学体系存在低效问题，以上这些问题在无形中降低了高校体育教学的要求、标准和质量。

（2）在实际教学中，教师将运动技能的掌握作为首要目标，忽视学生运动心理、运动品质以及运动个性的培养。

（3）在高校体育教学中未结合学生专业的体育需求开展体育教学，往往采用统一教学标准。

（四）体育教学计划不规范

通过对上文的分析，我们不难发现传统体育教学在很多方面已成定式，如教学观念、传统体育课程设置等等，所以想要推动高校体育教学模式改革并不是一件简单的事情，它需要投入较大的人力、物力、财力。体育学科在传统高校中往往以大型公共课的形式存在，与此同时受专业性院校的影响，导致体育教学在高校教学中不受重视，除此之外此类型学校中的高校体育教学还往往受行政部门以及其他学科课程设置的影响。另外，高校体育教学指导文件一般由指定的人员编写，所以体育教学指导文件很大程度上受编写人员文化素质、专业知识等方面因素的影响，最终影响高校体育教学计划的科学性、合理性。

（五）体育教学课程设置不科学

目前我国高校体育教学课程设置情况仍有待完善，如课时设置、开课形式、教学内容、教学时数以及教学教材，等等。当前我国大部分高校设置了体育课程，并且以选修课的形式存在，一般情况下高校体育选修课主要集中在大一大二阶段。另外，高校在体育课程设置上主要依据传统体育项目，学生只能被动地选择体育课程，从而出现了学生喜欢体育运动，但是不喜欢体育课的现象。虽然当前我国大部分高校已经加强了对体育课程设置的重视程度，但是仍然存在较多的不足。

从高校体育课程内容上来看，它几乎涵盖了大部分的体育运动项目，并在此基础上引入了一些创新型的体育课程。大部分学生对那些热门体育运动的参与度相对较高，但是由于受多方面因素的影响，如教师专业水平的限制、体育场地设施等，致使学生无法很好地体验这些热门体育运动，长此以往学生也将会丧失对体育课的热情，从而影响体育课的正常开展。

从高校体育教学教材选用上来看，目前我国高校体育教学教材主要采用统编教材，所以教材未能将一些具有地方特色学校的实际情况考虑进去，过度追求统一化、规范化的教学，从而使高校体育教学失去了机动性。除此之外，我国高校体育教学教材更新换代较慢，尤其是那些热门体育运动项目，缺乏相应的教学教材。

（六）体育教学模式有待丰富

在要求体育教学改革不断深入的高校教育教学大背景下，虽然传统的体育教学模式一时难以完全革新和转变，但是我国体育教学模式改革也做了一些尝试，并取得了不错的改革表现。

在我国高校体育教学改革浪潮下，我国高校也对体育教学模式做出了一定的改革尝试，并取得了一定的成果，但是我国高校体育教学模式依然有待完善。

第一，在授课方式上。目前我国大部分高校体育教师依然将技术教学作为教学重点，形成了"重技术轻理论"现象，与此同时我国高校体育教学仍然采用填鸭式的教学模式，缺乏在体育教学模式方面的创新。在实际教学中，高校体育教师往往采用集体授课的教学方式，另外体育教学过程组织也没有发生实质性的变化，从而很难提起学生在体育课上的学习兴趣。

第二，新的教学模式得到了教学尝试，学生的体育生活更加丰富。当前，高校体育课程教学模式的形式更加综合化，课程教学模式向课内课外一体化发展。由于课内课外的学习时间限制，课内时间主要学习新知识、改正错误，学生课堂练习时间少，又缺乏课外自主练习。基于此，学校和教师也非常重视大学生课外体育活动的开展和课外教学模式的创新，提倡营造丰富多彩的校园体育文化氛围，积极开展各种体育文化活动，教师也开始更多地尝试学生课外的俱乐部体育活动教学指导、线上线下的师生体育活动互动等。

（七）体育教学评价不合理

应试教育对我国教育事业的影响较大，虽然当前我国展开了全国范围的教育教学改革，但是依然无法抹去应试教育的阴霾。在应试教育的影响下，我国高校对体育教学的重视程度不高，如经常出现其他学科占用体育学科教学时间的现象，尤其是在高三阶段，在此阶段，学校、教师为了提升教学成绩，将体育课时间挪让给其他学科。此外，在应试教育的影响下，学生步入大学之后很难转变对体育课的观念，同时高校体育教学工作者也不能给予体育课相应的重视。在教学评价方面，高校教师将评价的侧重点放在技能考试方面，而忽视了对学生身心健康与社会性发展方面的系统评价。另外高校体育教学评价的具体标准也十分有限，往往将时间长短、距离远近等作为其评价标准。

（八）体育教学管理不健全

从上文的分析中我们不难发现，体育学科是一门实践性较强的学科，在开展体育教学活动时会伴随众多不安全因素，然而目前我国大部分高校在教学安全管理方面并不完善，如教学安全管理制度等。另外，高校体育教学管理中还有许多制度不够完善，如教学日常工作管理、教学资源管理等。

从当前高校体育教学管理的实际情况来看，虽然大部分高校进行了一系列教学改革，但是体育教学管理工作并未与教学改革工作实现同步，从而导致高校体育教学无法适应时代发展的需求，最终影响高校体育教学工作的顺利开展。

第三节　高校体育教学的发展趋势

鉴于当前我国高校体育教学过程中存在的问题，说明我国高校体育教学改革仍需加强，还需要花费较长的时间和精力从以下几个方面进行完善。

一、转变观念，提升思想认知

体育学科是我国各级教育的重要学科，体育教育对于促进学生的身心健康发展和社会适应能力的提高具有非常重要的促进作用，新时期要促进高校体育教学的发展，就必须迎合时代特点，紧扣新课改的要求和素质教育的精神，提升对体育学科的思想认识，以思想为指导实现教改的全面推进[①]。

----

① 左琳燕. 我国高校体育教学改革过程中面临的问题及对策探析 [J]. 当代体育科技，2019，9（03）：1+3.

（一）转变应试思维

随着时代的发展，传统教学观念已经无法适应高校体育教学需求，为此新时期高校应转变教学观念，从根本上改变之前的应试思维。与此同时，高校在重视体育教学改革的基础上，带动全校体育工作者参与到改革之中，从而最大程度发挥体育教育教学的价值。

（二）探索新型体育教学模式

随着我国教育事业的发展，人本主义教学理念逐渐成为教学的主流理念，为此高校体育教学中应充分分析学生在体育学习方面的需求，同时结合高校体育教学的实际情况，积极探索、创新新型体育教学模式，力争在提升学生身体素质的基础上，给予学生自由选择体育项目的权利。

在体育教学实践中，应注意优化教学组织形式，合理选用班级、小组和个人教学，同时，兼顾教学班的共性教学和课内、外的个性化体育运动指导，满足学生的个体需要[①]。推动学生积极参与体育运动，与此同时在体育教学中始终贯彻"终身教育"及"健康第一"的教学理念。

二、以人为本，关注教学参与者

（一）重视学生的教学参与

以生为本是现代教学理念的重要组成部分，它主要强调学生在教学中的主体地位和作用，并在教学中充分结合学生的学习特点和个人情况，有计划地开展教学。

第一，教师在教学中应避免陷入"填鸭式"的教学模式，在体育教学中应当时刻怀有创新意识，结合所教授学生的实际情况，有针对性地选择教学模式和教学方法，以此来调动学生参与体育学习的积极性。

第二，在高校体育教学中，教师也应当注重打造人性化的教学环境，在充分尊重学生个性的基础上，加强与学生的沟通，打造师生平等的教学氛围。

（二）促进教师的可持续发展

教师是高校体育教学中的重要组成部分，同时也是保障体育教学质量的必要

---

① 余岚. 大学生个性化体质健康促进研究 [D]. 北京：北京体育大学，2013.

因素，总之教师在高校体育教学中有十分重要的作用，所以在进行高校体育教学改革过程中还要注重促进教师的可持续发展，从而为推动该校体育教学改革保驾护航。

三、优化教学，落实素质教育

（一）调整课程目标

在现代教学理念的影响下，以人为本、人本理念等教学理念成为高校体育教学改革的理论支柱，所以在高校体育教学改革中应注重课程目标的设置。

另外，在现代教学理念的影响下，高校体育教学要不断优化、调整课程教学目标，改变传统"三基"教学目标，从具体上来讲，即课程教学目标务必要关注学生的个性发展，促进学生身心健康的全面发展。

（二）重视学生体育素养培养

高校体育教学改革的目标之一是推动我国素质教育的开展，所以在高校体育教学改革中我们应重视学生体育素养的培养。具体来讲，通过体育教学不断提升学生的体育文化素养，并在此基础上推动学生的心理素质和社会适应性的发展。

另外，在高校体育教学中不仅要开展课堂教学，同时也要注重课外教学活动的开展，如举办体育文化活动等。通过"课内＋课外"的教学方式可以全面促进学生的身心健康发展，从根本上提升学生的体育人文素养，除此之外在这种教学环境下，学生参与体育学习的主动性将会逐渐提升，这对培养学生终身体育意识有积极作用。

四、完善资源，完善体育教学环境

（一）不断加强师资力量培养

在上文对教师在高校体育教学中的作用进行了简单阐释，虽然目前以生为本、充分发挥学生在教学中主体地位的教学理念日益盛行，但是我们也不能忽视教师在整个教学中的作用。不断强化高校师资力量，对推动高校体育教学改革十分重要。

随着我国高校体育教学改革的深入开展，培养学生全面发展的素质尤为重要，而想要实现这一教学目标，离不开高素质师资队伍。学生成才的过程受多方面因素的影响，一个优秀的教师可以培养出优秀的学生，也可能无法培养出优秀的学生，但是一个不优秀的教师则注定很难培养出优秀的学生，由此可以看出加强高校体育教师师资队伍建设具有重要意义。在加强高校师资队伍建设时，可以从以下几个方面开展，如选聘、在岗培训、再教育等。此外，高校也应为在职教师创造更多的学习机会，鼓励教师提升自我能力。

在选聘体育教师时，高校相关负责人应加强对应聘者教师资格的认定，同时也要加强对应聘者的教师聘任及任职评定等方面的审查。教师资格标准需要通过长时间的学习获得，同时在获得教师资格之后还要进行一定时间的严格审查。此外，加强对教师教学能力的考核，尤其是教师教学能力标准的考核。一般情况下，一个合格的体育教师需要具备以下素质：教学能力、育人能力、组织和协调能力、教学科研能力、实践能力。

另外也要加强在岗教师的培养，不定期开展教师教学能力培训工作，以此来不断提升在岗教师的教学能力，并最终达到提升学生体育文化素养、树立终身体育意识的目的。

（二）不断完善教师队伍结构

不断优化高校体育教师队伍结构，无论是年龄较大的教师，还是年龄较小的教师，他们都有自身的优点，所以高校体育教师队伍中需要合理安排二者的比例。具体来讲，年龄较大的教师往往从事高校体育教育的时间较长，他们有丰富的体育教学经验，但是受传统教学观念影响较大，教学创新意识不足。而年龄较小的教师往往工作时间比较短，缺乏高校体育教学经验，但是他们更容易接受新鲜事物、思维活跃，所以有一定的教学创新意识。在实际教学中，加强二者的交流、沟通、学习，可以在一定程度上推动高校体育教学改革，提升高校体育教学质量。

（三）建设和谐校园体育环境

教学环境是保障高校体育教学质量的关键因素之一，为此想要提升高校体育教学质量，还要建设和谐的校园体育环境。

第一，高校体育环境的建设需要完善校园体育设施，这是建设和谐校园体育环境的前提与基础。如优化体育教学场地；更新、完善体育教学设施及器材；完善校园体育安全设施。

第二，高校体育环境的建设还要加强校园体育文化建设。从宏观角度来讲，高校体育文化建设包含的方面较多。之所以加强校园体育文化建设，主要是由于它可以为学生学习、参与体育运动创造良好的环境，学生在这种环境下可以在极大程度上提升自身的积极性，同时也能够在校园中形成一种良好的体育运动氛围，吸引更多的人参与到体育运动之中，从而使体育活动的参与和学习不再是一种任务，而成为一种自发、自觉的行为习惯。

（四）完善体育教学评价体系

教学评价在高校体育教学中同样占据十分重要的地位，高校体育教学的开展离不开教学评价，完善高校体育教学评价可以在无形中提升教学质量，推动高校体育教学改革，为此完善体育教学评价体系亦是目前高校体育教学发展的主流趋势。科学的体育教学评价体系的建立并非一朝一夕之事，需要做好以下几个方面的工作。

（1）评价内容应多元化。评价者在对学生进行评价时应从多角度进行。如对学生进行全过程评价，在评价学生期末时某一动作技能时，也要对学生这一动作的整个学习过程进行评价，此外教师应该明白一个动作的评价只是学生能力的一个方面，它不能代表学生学习情况的全部。另外，在对学生进行评价时，教师也应当关注学生的进步程度、学习态度以及体育运动心理等方面。总之，教师只有多方面对学生进行评价，才能使评价结果趋于客观。

（2）评价方法应多样化。所谓评价方法的多样化，主要指教师在进行评价时，采用多种评价方法，切勿仅仅使用一种方法，从而提升评价结果的客观性。

（3）评价标准应有科学依据。从上文的分析中我们不难发现，高校体育教学的目的主要是为了提升学生的身体素质、心理健康以及社会健康水平。而不同的指标其标准的划分也不尽相同，所以务必保障评价标准的科学性。接下来我们以身体素质为例，来具体阐述其评价标准的制定。想要建立身体素质科学的评价标准，应全面贯彻《国务院办公厅关于强化学校体育促进学生身心健康全面发展的意见》，对身体健康素质测试进行明细化规定，并将其列入评价标准当中。

（4）评价主体应多元化。不同的人看待问题的角度也不尽相同，以前高校体育教学评价的主体只有教师，这难免会出现评价结果偏颇的问题。随着高校体育教学改革的深入开展，体育教学不仅要注重学生体育知识的掌握，同时也要关注学生身心健康及个性的发展，为此在对学生进行评价时也要做到全面。而要全面了解学生，仅仅通过教师是无法实现的，还需要通过家长、同学等角度去深入了解学生的情况，所以教学评价主体应多元化发展，并开展学生互评、家长评价等活动。

第二章　体育强国战略下高校体育教学

不断提升人们的身体素质水平，改善人们的生活质量是我国制定体育强国战略的根本目标，为此本章节在分析体育强国战略的基础上对我国高校体育教学展开了深入论述，分别从体育强国概念及战略目标和体育强国下体育教育理念两方面进行研究。

第一节　体育强国概念及战略目标

一、体育强国概述

（一）体育强国的提出

从当前我国体育建设发展的情况来看，我国正处于体育强国建设阶段。体育强国的内涵涉及多个方面，如体育竞技、体育文化、体育教育、大众体育以及体育产业等等。只有实现以上各个方面的协调共同发展，才能实现真正意义上的体育强国。目前随着我国体育事业的发展，我国体育竞技水平在世界范围内处于较高水平，但是体育教育、体育文化等方面的发展较为滞后，这些方面急需改变，由此可以看出体育强国战略的提出并非偶然，它具有一定的时代背景，同时也是在我国多年来体育事业发展的经验上总结出来的。

1. 毛泽东同志的体育强国思想

毛泽东十分重视体育事业的发展，并为我国体育事业发展写下"发展体育运动，增强人民体质"的题词。另外，他在体育运动事业发展上有独特的见解，并提出了许多符合时代发展、切实可行的体育思想，如体育在军事领域的应用有十分大的作用，士兵通过体育运动锻炼，可以极大程度地提升自身身体体质，从而提升战斗力。此外，他还认为通过开展丰富的体育运动，不仅可以提升人民大众的身体素质，也可以在一定程度上丰富人民的精神生活。另外，毛泽东对体育运动可以改善人的心理健康情况也做了解释，他认为通过体育运动可以有效提升人的心理素质，从而使其以更好的精神投入到工作之中。

2. 邓小平同志的体育强国思想

邓小平在体育方面的理论是对毛泽东体育理论思想的补充与完善。邓小平在执政期间提出了"建设有中国特色的社会主义"的理论，这一理论为我国社会主义发展指明了方向，同时也表明我国想要获得长远的发展，不仅要对外开放、与国际接轨，还要坚持自身特色建设，以此来提升自身的国际竞争力。

体育文化是构成国家综合实力的一部分，正如邓小平指出的，体育运动发展程度的好坏，在一定程度上反映了一个国家的经济、文化发展水平，所以我们要将体育运动放在明显的位置去发展。例如，20世纪80年代，中国女排夺得奥运会冠军，而随之诞生的"女排精神"鼓舞了一代又一代的中国人。

3. 新时代的体育强国战略

一个国家的体育竞技水平是衡量其是否体育强国的重要标准之一。伴随着全球经济的快速发展，各国之间的体育运动员训练、管理水平的差距日益缩小。为了能够使自身体育竞技水平更上一层楼，我国将重点放在了体育运动员后备人才的选拔及培养上，通过选拔优秀的人才，并辅以科学合理的体育训练，才能培养出高水平的运动员，进而使其在世界各大赛事上取得优异的成绩，从而为国争光，为我国体育事业发展贡献一分力量。2008年北京奥运会，我国在体育竞技方面取得了前所未有的突破，自此之后我国加快了由体育大国向体育强国迈进的步伐，然而在取得成绩的同时，我们需要保持清醒的头脑，单靠提升体育竞技水平并不能成为体育强国，还需要加快体育文化、体育产业、体育教育等方面的建设，只有这样我国才能成为名副其实的体育强国。

（二）体育强国的概念

关于体育强国的概念是于1985年出版的《体育理论》中正式提出，该书中对体育强国的概念进行了全面阐述，指出体育强国指的是在世界重大的综合性体育竞技比赛中取得较好的成绩，且体育竞技成绩名列前茅的国家。从这一概念中我们不难发现，此时关于体育强国的认识主要是以世界体育竞技水平来评判。经过多年的研究发展，学者们对体育强国的概念进行了完善与丰富，同时对体育强国概念的认识也愈发深刻。接下来我们列举一些具有代表性的研究观点。

（1）部分学者认为体育强国概念是一个质与量的关系，即实力强、程度高、质量优等。

（2）部分学者认为体育强国的内容应当是丰富多彩的，它要包含许多方面，如体育文化、体育教育、体育产业、竞技体育，等等。

（3）还有的学者认为大力发展我国体育文化、开展体育教育活动、发展体育产业、增强国民身体素质、提升国民生活质量等都是体育强国建设的主要任务。

（4）有的学者认为体育强国的建设需要实现以下几个方面要求：第一，在国际重大体育赛事上取得较好的成绩；第二，在国际体育市场上有较强的竞争力；第三，有较强的国际体育赛事组织能力；第四，在国际重大体育赛事组织上有较强的话语权。

（5）有的学者也对我国体育强国概念的发展脉络进行了梳理，他们认为我国学者对体育强国的认识从最开始的单一思维逐渐转变为多元化思维。即我国学者最开始仅从体育竞技水平方面阐释体育强国的概念，而随着思维方式的转变，体育强国的概念不断被完善丰富，如体育文化、体育教育、体育产业等被纳入体育强国判定标准之中。在不同的时期我国学者对体育强国概念的解读也有所不同，这在一定程度上也反映了我国体育的发展历史。

通过对以上关于体育强国概念的梳理，我们在宏观上对体育强国的概念有了一个全面认识。所谓的体育强国是一个多维度的综合体，它所涉及的内容包含多个方面：如大众体育、体育文化、体育教育以及体育产业等。只有全面提升这些方面的实力，才能称之为体育强国。

（三）体育强国的内涵

1.竞技内涵

在上文的分析中，我们不难发现体育强国的内涵包含许多方面，而体育竞技是其内涵的核心，它在体育强国建设体系中的地位不可撼动。从某种意义上来讲，现代奥运会的举办为竞技体育运动提供了良好的发展平台，而竞技体育运动的发展也在无形中推动了奥运会的发展，它使奥运会在国际上的影响力得到进一步提升。目前奥运会已成为世界顶级运动员竞争比拼的主战场，参加奥运会的国家越来越多，其中优秀顶级运动员也越来越多。在奥运会上奖牌的获得数量直接体现了一个国家的体育竞技水平，为此人们将其作为判定一个国家体育竞技水平的主要标准之一。

2. 社会内涵

体育运动不仅具有竞技性，还具有其他特性，如健身、娱乐等。尤其是随着全民健身运动的开展，人们通过参加体育运动不仅改善了身体体质，也在一定程度上陶冶了情操，提升了生活质量。广大群众参与体育运动在无形中推动了国家大众体育运动的开展，此外大众体育的开展程度可以反映一个国家的经济水平、民族心态，为此开展大众体育成为体育强国的又一重要内涵。

3. 国家内涵

目前参与世界体育赛事的国家越来越多，这在无形中增加了国际体育赛事组织的权利。从当前世界体育发展趋势来看，它主要受国际大型体育组织的影响，如国际奥委会及各单项联合会等。另外，体育组织中成员国的体育发展趋势和水平也直接受所在组织机构的影响。所以这些成员国在国际体育组织制定规则时都会积极参与，并期望从中获得更多的话语权，而人们也将此作为判定体育强国的标准。

除此之外，体育文化已经与一个国家、地区的民族文化融合在一起，它在一定程度上代表着国家和民族价值以及思维方式。所以在建设体育强国时，需要将本国的体育文化融入世界体育文化之中，并使本国的体育文化在世界文化中发挥主导作用。通常情况下，判定一个国家体育文化是否可以融入世界文化的标准是看其是否代表本民族或国家的自信心、自豪感，以及它是否具有吸纳其他国家文化的胸襟等。

（四）体育强国的基本特征

伴随着我国竞技体育的深入开展，我国学者关于体育强国的理论研究也日益增多。目前我国学者主要将体育强国作为一个动态、综合和数据化的概念去理解，他们认为体育强国在整体上可以反映一个国家的体育综合实力，同时体现着一个国家体育事业全方位发展的情况，并没有具体统一的标准，通常情况下，学者将体育强国归纳为以下几个特征。

1. 竞技体育成绩卓越

众所周知，竞技体育运动具有较强的对抗性，运动员通过竞技体育比赛，在赛场上获得较好的成绩，以此来为国争光，为此一个国家体育竞技水平的高低决定其是否属于体育强国，然而不能单独以此作为评判体育强国的标准。一个国家是否属于体育强国，还要关注该国体育事业其他方面的发展程度。

体育成绩是判定体育竞技水平的直接标准，竞技体育运动员在赛场上获得更好的成绩成为他们参加竞技体育比赛的重要目标。从某种意义上来讲，一个国家竞技体育水平的提升是指引其成为体育强国的先导，也是判定其是否体育强国的重要指标。

目前，世界竞技体育运动赛事越来越多，如奥运会、冬奥会、世界杯等都具有较强的影响力，一个国家在这些世界赛事上取得好成绩，能够为该国家成为体育强国打下坚实的基础。一般情况下，体育强国的竞技体育水平在世界上名列前茅。

运动员的竞技水平和比赛成绩往往受多方面因素的影响，如比赛场地、天气等，所以人们在比较体育竞技水平时，更加倾向于同一时间、同一地点的较量，认为这样的比较更为公平。近年来世界大型体育赛事越来越多，尤其是奥运会、锦标赛等赛事受万人瞩目。近年来，我国在奥运会上取得了骄人的成绩，奖牌数量也名列世界前茅，这在某种程度上体现了我国超强的体育竞技水平。

通常情况下每个运动项目都会产生相应的冠军，而这些冠军可能来自五湖四海，这也为对比国家的体育竞技水平提供了可能。为了能够提升自身的体育竞技水平，每个国家会投入不同程度的财力、人力、物力到这些运动项目中。但是从整体上来讲，体育竞技项目在一个国家的开展并不代表一个国家所有的体育事业。想要成为一个真正的体育强国，需要从全方位发展体育事业。众所周知，我国竞技体育运动中的足球、篮球的竞技水平让人难以满意，此外在田径方面我国的体育竞技水平也与欧美等国家有较大的差距，这些都在一定程度上限制着我国竞技体育运动的发展。

总而言之，近年来我国竞技体育的快速发展主要缘于举国体制的实行，在这一体制下我国竞技体育运动得到了较好的发展空间，然而这一机制也存在一些不足之处,如竞技体育运动项目发展不平衡、持续时间短、发展成本高等,而这些问题都脱离了体育强国发展道路,为此我国在体育强国建设道路上,仍需要一个全新的体制与模式。

2. 群众体育蓬勃发展

大众体育,即群众体育的发展水平在一定程度上也是判定一个国家是否体育强国的标准。群众体育运动开展的最终目的是提升人民大众的身体素质水平。从竞技体育和群众体育的功能上来讲,二者都具有改善人们体制的作用,但是我国过度强调竞技体育的社会价值,从而忽视了竞技体育本身的功效,这在一定程度上也限制了我国群众体育的发展。目前我国群众体育发展水平远远落后于竞技体育发展水平。

我国想要实现体育强国的目标,必须要加快群众体育运动的开展,这主要是由于群众体育运动在一定程度上可以为竞技体育运动提供必要的保障,并拓宽竞技体育运动后备人才的选拔渠道。

自 1949 年以来,我国体育事业得到了较快的发展,在这个发展过程中有大量的事实可以证明提升国民身体素质的重要性,只有提升国民的身体素质才能够使国家获得发展的活力与动力。随着我国体育事业的全面推广,人们逐渐认识到体育锻炼的重要性,越来越多的人参与到体育运动之中,并将参加体育运动当作是改善生活质量的一种方法,人们体育观念转变的同时也带动了我国体育事业的发展,如购买体育器材、观看体育比赛等。

在某种程度上来讲,衡量一个国家体育发展水平的标准是参与体育运动的人口数量。就目前而言,我国参与体育运动的人口数量与欧美国家有较大的差距。如果一个国家仅仅在竞技体育运动方面有较高水平,而群众体育运动发展水平较低,国民体质较差,那么这个国家还算不上体育强国,只有实现体育事业全方位协调发展且名列前茅的国家才能称之为体育强国。

3. 体育科技水平高

随着科学技术的快速发展,一个国家的振兴与发展离不开科学技术,它是决定一个国家生产力的重要因素。近年来国家对科学技术的重视程度日益提升,对科学技术的投入力度也逐渐加大。

通过大量的实践数据得知体育科技对于体育事业的发展有直接作用,它是推动国家体育事业发展的重要力量。具体来讲，体育科技可以为运动员提供科学的训练计划和科学的运动状态诊断，此外还可以为运动员提供科学合理的营养补充、身体康复数据。体育科技在群众体育中同样具有十分重要的作用和意义，例如检测国民体质、为国民身体健康提供相应的指导等。

总而言之，随着科学技术的快速发展，科技已经融入人们生活的方方面面，并影响着社会发展和人们生活。体育科技水平的提升在一定程度上可以推动我国体育事业的进一步发展，提升我国体育运动水平。所以，体育科技水平的高低是判定体育强国的重要标准之一。

4. 体育教育水平高

教育在一个国家或地区发展中占据十分重要的地位和作用，其中体育教育可以为国家培养大量优秀体育人才，这为建设体育强国提供了强有力的保障。毋庸置疑，美国是当今世界最大的体育强国，这与美国的科学技术、国家经济发展水平以及发达的教育事业是分不开的。

通常情况下，体育事业发展水平较高的国家的体育教育也十分发达，如俄罗斯的国立体育大学、旅游大学以及德国的科隆体育大学等在体育科学研究、体育教学理论创新等方面都有着自己的独特之处，这为俄罗斯、德国成为体育强国提供了良好的保障。

总而言之，体育教育可以促进一个国家或地区体育事业的快速发展，同时体育教育也可以为国家培养更多的体育人才，为建设体育强国提供重要力量，所以要加强对学校体育教育的重视程度，并在以后体育教育事业发展过程中，逐渐打造具有国际影响力的体育院校，以此为国家培养出更多优秀的体育人才，这也是判定一个国家是否体育强国的重要因素。

5. 体育产业化发展

在社会经济快速发展的背景下，体育产业也朝着良好的趋势发展，并呈现出明显的市场化，这是市场经济发展的必然结果。随着体育产业市场化发展进程的加快，国家体育部门对体育产业的管理在一定程度上未跟上发展速度。当一个国家的经济发展水平在迈入中等发达国家水平之后，人们在体育运动方面的消费支出将会增加，这主要源于人们生活水平提升之后，会逐渐增加在这些方面的资金投入，这也在无形中推动了体育产业市场化的形成。

在市场经济体制的作用下，可以最大程度地实现体育资源的优化配置，进而为消费者提供更好的产品及服务。当前，体育已经成为人们生活中的一部分，人们在日常生活中会投入一定的时间和金钱，这在无形中反映了人们对体育运动重视程度的提升，也为体育产业化发展创造了机会。

体育产业的发展不仅标志着一个国家体育社会化和市场化的形成，同时也代表着一个国家或地区的体育发展水平。一个国家想要提升自身的体育产业竞争力，首先要进行体育产业定位，以此来找出体育产业发展中存在的问题以及制约其发展的因素，并制定针对性的解决策略。

体育产业具有"大而广"的特点，它所涉及的内容也较多，如体育运动产品的生产、体育服务等。一般情况下，体育产业的发展往往遵循消费决定论，即该地区的体育消费决定了体育产业的发展。各个国家的体育产业从社团逐渐转型为企业，同时以营利为目的的商业俱乐部如雨后春笋般出现在市场，这在一定程度上扩大了体育产业市场。

经过多年的发展，我国体育产业得到了较快的发展，并且初具规模，然而与发达国家相比，我国体育产业的发展水平仍处于较低水平。我国想要改变当前的体育产业状态，加快成为体育强国的步伐，需要大力发展体育产业，并不断扩大其产业规模。

在党中央的高度重视下，我国体育产业各个部门协调合作，使体育产业组织及结构日趋合理化。同时，我国体育产品、体育服务也日益完善、丰富，尤其是近年来我国体育服务的比重明显上升，这些都标志着我国体育产业发展的活力。

随着我国体育产业市场化发展进程的加快，国内涌现出了一批批优秀的企业，并在世界竞争中形成了知名品牌，这对推动我国体育产业市场化发展起到了积极作用。

总而言之，我国体育产业在近年来得到了较快的发展，并取得了一定的成绩。目前我国体育产业主要集中在华东、华北，以及中南等区域，如北京、上海、广州等一线城市。而我国东北、西南以及西北等地区的体育产业发展并不是很好。体育产业发展区域不平衡是制约我国体育产业发展的重要因素，在未来的发展中需要加大体育产业发展力度，尽快解决体育产业区域发展不平衡的问题。

6. 体育文化繁荣发展

文化对于一个国家而言具有十分重要的作用和意义，透过文化可以了解一个国家的综合国力，所以在建设体育强国的道路上，需要加强对体育文化建设的重视程度。从某种意义上来讲，体育文化可以反映一个国家在体育方面的思维方式，对民族凝聚力的形成也有积极作用。

从宏观角度而言，体育强国的建设并非一朝一夕，它需要经历一个漫长的过程，是一个长远的战略目标，所以体育强国的实现需要体育文化的支持。通过建设良好的体育文化氛围，为我国体育强国建设创造良好的环境。

通过建立现代体育文化体系，以奥林匹克运动为核心的西方竞技体育取得了长足的发展。美国正是在此基础上发展成为世界领先的体育强国。

结合当前世界体育强国的发展之路，想要实现体育强国这一目标，一定要打造良好的体育文化基础。众所周知，文化的形成往往需要经历漫长的过程，体育文化的形成与发展同样不例外。随着现代社会经济的快速发展，体育事业逐渐偏离日常生活，其功利性特点愈发明显，如"体育精英化""体育贵族化"等，这种现象的出现不利于体育文化的形成，为此我们需要找回体育的本质，使其与生活融为一体。

体育与生活的融合同样受到联合国教科文组织的重视，同时体育融入生活这一理念逐渐被国际社会所认可，并为此达成共识。所谓的体育与生活的融合，即体育生活化。另外，体育生活化发展主要体现在以下几个方面：体育参与的自主性、体育活动项目的多样性以及体育与生活的融合性等。

大力发展体育事业的主要目的之一是提升国民身体素质，进而促进人的全面健康发展，而锻炼身体是体育教育的主要目的之一。通常情况下，我们可以将体育教育作以下理解，即在教学中开展德育、体育以及技术教育，无论是德育、体育还是技术教育都对人的全面发展有积极意义。

当前全球体育事业得到了较快发展，其中以奥林匹克运动为核心的竞技体育的发展速度尤为明显。然而国际奥委会的职责不应当局限于竞技体育的开展，他们同样应当肩负起培养青少年运动员的教育重任，从而不断提升青少年运动员的良好品质，为青少年的健康发展保驾护航。

体育文化具有十分丰富的内涵，除此之外体育文化也拥有悠久的历史，发展至今已经成为实现体育强国的必要条件。

我国在发展体育文化时要结合自身的国情，在大力发展西方竞技体育项目的同时，也要注重民族体育运动项目的发展，只有让体育成为一种人们更深层次的追求，才能最大程度上彰显出体育文化的魅力。

我国是一个多民族国家，传统体育运动项目十分丰富，部分传统体育运动项目甚至结合了体育、音乐、舞蹈等多种元素，中国传统体育运动项目具有明显的民族特色，同时也具有一定的娱乐性、休闲性和健身性，为此深受广大群众的喜爱。

为了尽快实现我国体育强国目标，我们应当加强对体育文化建设的重视程度，如在大力发展竞技体育的同时，强化体育文化及价值理念的传播，同时大力推动民族传统体育文化的发展。为了提升我国在国际体育中的话语权，我国应加快民族传统体育文化的建设进程，不断提升我国民族传统体育的软实力，推动我国体育事业的全面发展。

二、体育强国战略目标

（一）体育强国战略结构模型的构建

当前我国学者对体育强国的认识呈多元化发展趋势，并指出了体育强国内涵所包含的主要内容：体育文化、体育教育、体育产业、竞技体育以及群众体育等。还有部分学者站在国际关系学的角度对体育强国内涵所包含的内容进行梳理，从而总结出体育强国综合实力的构成公式（图 2-1-1）。

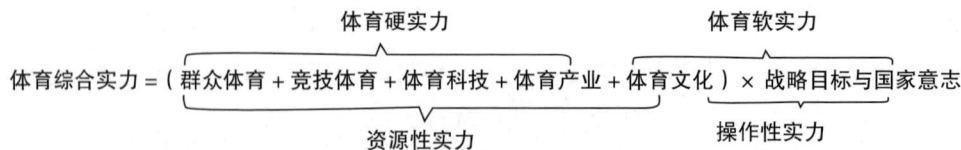

体育硬实力   体育软实力

体育综合实力 =（群众体育 + 竞技体育 + 体育科技 + 体育产业 + 体育文化）× 战略目标与国家意志

资源性实力   操作性实力

图 2-1-1　体育强国综合实力的构成公式

体育强国战略的结构要素及不同要素对应的战略定位，主要包括目标、支撑和调控三个领域（表 2-1-1）。

表 2-1-1 体育强国战略要素及定位

战略位置归类	战略要素
目标领域	体育文化（核心）
	竞技体育
	体育产业
	大众体育
支撑领域	体育文化（核心）
	体育科技
	体育产业
	体育教育
调控领域	体育文化（核心）
	体育公共治理
	体育法制
	体育需求（动力）

通过对体育强国战略要素定位来看，其结构呈现出多层性、立体性的特点。具体来讲，可以将其细分为两个层次，即目标领域层次、支撑领域层次。

另外，体育强国战略的每个领域都还包含着一个抽象子区域，它就是体育文化，它在体育强国战略结构中处于核心位置，与此同时它在目标领域、支撑领域以及调控领域方面处于核心地位。体育强国战略结构的第一层次与第二层次也是由体育文化这个关键节点衔接起来的。体育强国战略结构中的调控领域发挥的主要作用是在实施体育强国战略中促进总资源的平衡，促进资源优化配置。

（二）体育强国战略目标的构建

一般情况下，体育强国战略目标的构建可以从以下几方面出发。

第一，在体育思想方面获得重大的突破，这是实现我国"体育强国梦"的必要条件。

第二，加强对竞技体育的引导，使其回归体育本质，并在此基础上逐渐弱化竞技体育的"工具性"功能。

第三，从根本上改变我国体育管理体制。

第四，加大对世界主流竞技项目的推广力度，提高其在国内的普及率。

（三）体育强国战略目标的实现

1. 质与量的关系

如果一个国家在体育领域的各个组成部分都领先于世界其他国家，亦或是一个国家的这些方面处于世界先进水平，那么我们不仅可以称其为体育强国，同时这也是体育强国发展的终极目标。由于目前我国优先重点发展的是竞技体育，所以导致体育领域中的各个版块发展不均衡，为此我国在建设体育强国道路上面临两个选择：第一，继续将人力财力集中投入竞技体育行业，从而实现以点带面的效果；第二，将人力财力均衡投入到体育领域的各个行业，从规模和数量入手，实现全面发展的目的。当前这两个问题是我国实现体育强国必须解决的问题。

从某种意义上来讲，正确处理"质与量的关系"，就是在解决上述两个问题，即优先发展谁的问题。量变可以引起质变，而质变同样可以引起量变，为此无论优先发展谁，只要始终坚持体育强国的方向，都可以达成既定目标。具体来讲，我国体育强国发展道路上还面临着更多的质与量的关系问题，如竞技体育比赛中，是参与比赛项目多重要？还是获得金牌多重要？在群众体育发展方面，同样有此类的问题：是群众参与人数多重要？还是改善人们健康生活方式重要？此类型的问题还有很多，但就目前我国体育事业发展情况来看，应当将发展重点放在"质"上，并将其作为优先发展的对象，只有这样才能使我国以最快的速度跻身体育强国行列。

随着世界体育的快速发展，体坛竞争也日益激烈，在这种背景下很难出现一个国家在所有体育运动项目上领先的情况，为此想要保障并提升我国竞技体育水平，需要将有限的资源投入优势竞技体育运动项目，从而确保奖牌的数量。

从上文的分析中不难发现，群众体育的开展情况是衡量体育强国的重要标准。大量实验数据表明，一个国家的群众体育参与人数与其经济发展水平有直接关系，二者呈正相关关系。为此想要提升我国群众体育发展水平，需要优先发展我国经济，从而改变人们的生活观念，即追求温饱向享受生活的转变。否则单纯通过增加群众体育参与人数，会在无形中丧失参与体育运动的乐趣。

2. 均衡与非均衡的关系

均衡与非均衡是一对矛盾的统一体，事物的发展往往都是从各组成部分非均衡开始，某一部分优先发展带动其他部分逐渐跟进形成全面协调的均衡态势，然后再打破均衡格局产生新的非均衡，周而复始循环前进。非均衡性是我国体育发展的不竭动力，均衡性有可能成为发展的阻碍力量，两者的相互转化需要特定的条件和前提。在前进的道路上如何认识和理解它们之间的关系，是能否尽快实现体育强国目标的另一个需要解决的基本问题。

非均衡与均衡相互转化需要掌握好各组成部分的发展尺度，各部分之间差距过大可能会使落后发展的部分贸然推进而产生根基不牢问题，也可能会引起优先发展的部分停滞不前，甚至导致倒退现象发生。由于历史原因，我国竞技体育和群众体育发展极不均衡，弥补多年来形成的竞技体育与群众体育发展的巨大差距，并非短时间内能够完成。群众体育发展应遵循什么规律还在探索之中，如果把发达国家群众体育开展的经验用在我国，因为国情不相一致而不一定能够有好的效果，反而可能会产生许多新的问题。

近些年我国政府加强了对群众体育的重视程度，并付诸实际行动，如加大财政投入力度，完善体育运动基础设施等，从而为群众体育运动的开展创造了良好的物质条件。虽然我国参与体育运动的群众人数越来越多，但是在庞大的人口基数面前，想要实现质的飞跃仍需花费较长的时间。目前我国群众体育发展水平与竞技体育发展水平仍然存在较大的差距，这主要是由于我国目前还未形成使二者协调发展的必要条件。

首先，我国想要在和平年代迅速崛起，需要借助竞技体育的世界影响力，在国际上树立大国形象。而群众体育在国际上的影响力要远远低于竞技体育，此外如何去判定一个国家群众体育发展的好坏尚未形成统一的标准，所以其效果也自然很难衡量。其次，目前我国处于社会主义发展的初期阶段，虽然社会经济发展取得了一定的成绩，但是人们的生活水平依然有待提升，尤其是当下人们收入呈两极分化的发展趋势。城乡之间、区域之间都存在明显的差异。最后，在社会经济的快速发展下，我国城市化发展进程加快，越来越多的人涌入城市，导致城市体育活动场地受限、体育开支增大，从而影响了人们参与体育运动的积极性。

由此不难发现，竞技体育和群众体育之间的这种不均衡发展还需要持续很长的时间，另外这种不均衡的发展也符合我国当前的国情，对我国体育事业的发展有促进作用。从宏观角度来讲，全面协调体育各方面的发展是我国未来体育发展的目标，但是首先要集中主要力量优先发展其中一个或几个领域，以此来促进其综合实力的提升。就我国当前体育发展来看，我国想要实现体育强国的目标需要优先发展竞技体育，但是在发展竞技体育过程中需要注意缩小竞技体育和群众体育之间的差距。

第二节　体育强国下体育教育理念

改革开放以来，中国高校体育教育理念方面的研究逐渐趋于系统化，从整体上来讲我国在此方面的研究基本与社会发展同步，但是还处于不断构建和完善的阶段。当前，我国高校体育教育理论呈现出多样化、时代性的特点，并随着时代的发展而发展变化。尤其是近年来我国高校体育教育理论更加注重人的价值。随着我国建设体育强国的步伐不断加快，为推动体育强国战略，应该及时更新体育教育理念，实现从体育大国向体育强国的转变。

一、终身体育理念

从严格意义上来讲，终身教育贯穿于教育的每个阶段，即便是在毕业之后依然要不断地学习。随着我国教育事业的快速发展，人们对教育的认知水平逐渐提升，同时对终身教育也有了更加深入的了解。具体来讲，终身教育包含多个方面，如文化教育、艺术教育、体育教育。参加体育活动的目的是健身，即通过参加体育活动改变人体体质。实际上人们在体育课上所理解的锻炼身体并不是很全面，在教学中人们对认知类学科教学的重视程度要远远高于体育学科，他们认为体育学科仅仅是为了帮助学生放松身心。然而参与体育活动并不仅仅为了增强体魄，同时它也是一种参与社会活动的方式。在对人与社会互动能力进行培养的过程中，应该将身体素质的培养作为出发点，并将其贯穿于整个人的一生，只有这样才能真正体现出终身体育的内涵。

当下终身体育在全球已经普遍流行，其含盖的组织机构较多，且涉及的年龄范围比较广，那么针对不同年龄的各类群体如何实施协同、衔接并形成累积效应是终身体育发展所面临的主要问题。值得注意的是，终身体育并不能与学校体育、竞技体育、社会体育相提并论，终身体育是包含这三类体育活动的一个体系，在这个体系中学校体育在大多数人的人生中扮演着极为重要的角色，同时也可以帮助学生培养终身体育的思想。当下高校大学体育存在重理论轻实践、重形式轻实效的问题，导致大学生对终身体育的理念认识不够清晰，无法真正理解其内涵。如何在高校贯彻落实终身体育教育的理念，并切实有效地开展终身体育教育，帮助学生建立起终身体育意识，即使离开学校也能切实践行终身体育，是当下高校体育教育改革需要解决的重要问题。

随着体育事业的发展，终身体育理念在全球受到关注，与此同时全球涉及终身体育理念的机构众多，其涵盖的年龄范围也较广。那么在针对不同年龄的各类群体如何实施协同、衔接并形成累积效应是终身体育发展所面临的主要问题。不能将终身体育与竞技体育、学校体育及社会体育相提并论，终身体育是一个体系，它包含了以上三种体育形式。具体来讲，终身体育体系中学校体育占据十分重要的作用，它对培养人的终身体育思想具有积极意义。

二、素质教育理念

（一）素质教育

素质教育主要指"全面贯彻党的教育方针。以提高国民素质为根本宗旨，以培养有理想、有文化、有道德、有纪律的，德、智、体、美等全面发展的社会主义事业建设者和接班人"[①]。从以上的内容中我们不难发现素质教育与我党始终贯彻的教育方针具有高度一致性。同时我们也不难发现，素质教育理念注重教育的长远发展，也十分注重从全方位培养学生的综合素质水平，除此之外素质教育也注重培养学生的实践能力。在实际教学中，我们要关注学生的个性化差异，并结合学生的个性化差异制定相应的教学计划和方法，全面提升学生的素质水平，使其成为社会主义事业建设的接班人，并为学生树立终身学习理念打下坚实的基础。

一个国家综合国力的强弱，直接决定了这个国家在国际上的地位，而国民素质是一个国家综合国力中的基础性要素。

在开展素质教育过程中，我们要将知识教育、能力教育以及素质提升融为一体，在教授学生基础知识、技能时，也要关注学生德政素质的提升，即教会学生

---

① 引自 1999 年 6 月 13 日中共中央、国务院发布《中共中央国务院关于深化教育改革，全面推进素质教育的决定》。

如何做人。如果一个人仅仅在某些方面具有较高的素质，虽然我们依然称其为"人才"，但是这种"人才"已经无法适应 21 世纪的人才需求，21 世纪更加需要具有综合能力的竞争性人才，这些人才无论是在文化知识、个人素质，还是在合作交流、创新决策方面都具有较强的优势。深入理解素质教育，我们可以发现它所追求的目标是将知识、能力、素质三者达到完美的协调、统一。

（二）素质教育理念的意义

第一，在体育教学中实施思想品德教育，严格体育课堂常规教育，可以使学生养成良好的纪律行为，在开展各项体育游戏竞赛的时候，利用对规则的学习、理解培养他们遵纪守法，提高辨别是非的能力。根据各种不同的教材特点，培养他们的各种意志品质。在户外进行体育活动过程中对学生进行思想品德教育往往比在理论课中空洞的说教更有说服力。体操项目可以培养学生团结互助、互帮互学的作风；球类项目可培养学生的集体主义观念；体育竞赛则能使学生空前团结，更有凝聚力，并能培养良好的体育道德风尚。因此体育教学中对学生的道德思想品质的教育来得更直接，更易让学生接受并牢记，有利于培养学生健康的思想品质。

第二，可以培养学生人际交往能力。未来社会需要人与人之间的相互交流、协调配合，在体育教学中首先要协调好老师与学生间的相互关系，这可以使学生养成服从命令听指挥的习惯，更能激发学生的主观能动性，培养学生积极、主动的参与意识。另外，教学过程中还存在着大量的学生个体之间、个人与集体之间、小集体之间的关系，可以使学生学会摆正个人位置，妥善处理好与他人和集体的关系，增强合作意识。

第三，培养学生的竞争意识。随着知识经济时代的到来，社会竞争日趋激烈，激烈的竞争性是现代体育的一个最显著的特点。体育运动之所以被人狂热崇拜，其原因之一，是它最直接、最不加掩饰的竞争方式，呼唤着人的本质力量。学校体育课为培养学生的竞争意识创造一个良好的环境，教师可通过比赛和游戏教学，充分调动学生的积极性，使学生充分发挥自己的潜能，不断进取、超越自我。在体育比赛中，胜利与失败并存，对学生进行胜败观教育尤为重要。胜不骄、败不馁，在胜利中找不足，继续前进；在失败中找教训，以顽强的毅力去争取胜利。

使学生能正确对待学习中、生活中遇到的失败与挫折，振奋精神、克服困难，做生活的强者。

第四，在体育教学中培养学生的健康体魄。毛泽东指出"体者，载知识之车而寓道德之舍也"这句话深刻揭示了体质的重要性。现代学校体育使学生掌握基本的运动技能，养成坚持锻炼身体的好习惯，从而增强体质、适应快节奏的社会运转。人的基本素质包括速度、力量、耐力、灵敏度、柔韧性等方面，在体育教学中，要充分利用各种教材，运用多种教学手段，全面地发展这些基本素质，而不能单纯或过分注重发展一种或几种素质。

第五，在体育教育中促进科学文化知识的学习。体育课上要让学生在学习技术动作的过程中善于动脑，通过自己的理解，尽快掌握技术关键。学生可运用所学的物理、化学、生物学的知识来解释所学动作的原理，使学生的求知欲得以满足的同时培养其灵活运用所学知识的能力。此外还可以利用室内课加强体育保健、医务监督以及生理学、心理学、社会学、美学等相关自然科学与社会科学理论的熏陶，使学生加深对体育的认识和理解，得到文化品位的提高，从而更好地促进体育运动的开展。

第六，在体育教学中培养学生终身体育能力。随着全面建设运动深入开展，越来越多的人加入到体育锻炼的队伍中来，如何科学地进行自我锻炼，警惕伪科学的渗透，就成为当前人们的迫切需要。体育教学也应充分适应当前形势，加强学生自我科学锻炼能力的培养，特别要注意的是，体育教学不能停留在课堂，要把青少年课余自我锻炼习惯的培养当作一个重要的课题来开展，只有在学校期间打下自我科学锻炼的基础，形成终身体育观念，我们的全民健身运动才能得以健康稳定地发展。体育教学是实施素质教育的有效途径。在体育教学中以提高每个学生的基本素质为宗旨，使每个学生都学有所得。严格的体育课堂常规、各种各样的体育游戏竞赛、队列队形、球类等可全面发展学生的基本素质。在学生学习动作过程中培养学生运用所学知识解释所学动作原理，从而更好地发展学生的全体性、发展性、主体性。

三、健康教育理念

（一）健康教育

随着社会的不断发展与进步，人们对于健康的认识越来越深刻，与此同时人们在健康方面的标准及要求也随之提升。

关于健康，世界卫生组织对其定义进行了阐述："健康，不仅要没有躯体缺陷，还要有完整的生理、心理状态和社会适应能力。"与此同时美利坚大学的国家健康中心对健康要素进行了详细阐述，并对健康要素进行了具体的说明，其具体包含以下五个方面：身体、情绪、智力、精神、社交，只有这五个方面同时达到健康水平，这个人才能称之为健康。此外，健康五要素之间存在相互联系、相互影响的关系，而且在一个人人生的不同阶段，健康五要素所发挥的作用也不尽相同，如果我们忽视其中一个要素，并任其发展，终究会为我们的健康埋下隐患。当健康五要素处于健康与疾病边缘阶段时，通常情况下医学界将其称之为"亚健康"。

所谓的健康教育主要是以学生作为教育对象，并将促进学生身体健康发展作为教育活动的目的。关于健康教育的定义，美国教育总署也对其进行了阐述，他们认为健康教育主要指的是选择所有有利于健康的学习总和。世界卫生组织对健康教育也进行了深入研究，并对其教育重点进行了详细阐述，他们认为健康教育重点在于全民性以及健康行为的养成，结合当前的卫生系统以及自己的实际情况，不断改变自身的健康状况及生活环境，从而打造体质教育、心理教育及卫生保健教育为主的"三位一体"的体育教育新模式，这不仅是体育教育面临的新工作，同时也是落实健康第一指导思想的具体体现，是当前我国高校体育教育发展的必然趋势。

（二）健康教育理念的意义

1. 健康教育对体育教学有重大影响

从现代健康观角度来看，健康所涉及的内容较多，如身体健康、社会适应良好、心理健康以及道德健康，这四方面之间又相互联系、相互影响，首先，身体健康是心理健康的前提与基础，而心理健康则是身体健康的必要条件，二者相辅相成、密不可分。其次，一个人只有在身体和心理方面都健康，其社会适应才会呈现良好状态。从某种意义上来讲，体育教育在心理健康教育中存在着十分重要的作用和地位，它对促进学生全面发展有重要意义。在体育理论教学中进行心理教育的方式主要以"说教"形式为主，在这种方式下，学生往往处于被动接受认同的阶段，虽然有一定的教学效果，但是教学效果并不十分明显。而体育实践教学中，体育课具有明显的群体性、娱乐性、外显性等特点，我们甚至可以将体育实践课看作一个小型的社会活动缩影，因此在体育实践课中学生可以体验到与社会活动完全相同的体验，如精神磨难、心理冲突等。所以在体育实践课堂教学中开展心理健康教育活动，可以让学生在实践中真实感受、领悟，并将其所领悟的内容再次付诸行动，以此来接受实践的检验。

2. 体育健康教学对学生心理健康教育有关键作用

首先，通过开展体育健康教育可以提升学生坚强的意志以及适应环境的能力。具体来讲，体育教育教学的主要形式是身体练习，其教学主要内容是实践活动，为此体育教育教学更加侧重知、情、意、行的统一。竞技性赋予了体育教育活动特殊的教学性质，即学习参与者必须要具备勇敢、顽强的精神，即使是在较为恶劣的环境下进行体育活动，也要在行动中做出果断的决定。也正是由于体育教育活动的这种特殊性，所以通过体育教育活动可以培养学生坚强的意志以及适应环境的能力。除此之外，体育活动的多样性特点在一定程度上也为培养学生的意志品质创造了良好的环境。

其次，开展体育健康教学可以在一定程度上丰富学生的精神生活，促进学生良好人际关系的形成。体育活动属于社会文化的一部分，因此体育活动可以丰富学生的精神生活，对学生的身心健康有积极作用。除此之外，体育活动还可以在一定程度上帮助学生克服恐惧心理，使其养成积极参与社会活动的习惯，这无形中提升了学生发展良好人际关系的能力。

最后，开展体育健康教学在无形中也能促进学生健康个性的形成，推动学生的全面发展。从某种意义上来讲，人的潜力发挥与自身主观能动性有密切联系。学生在参与体育活动时处于一种欢快、愉悦的氛围之中，在这种氛围下他们的个性可以得到最好的张扬。相关实验研究表明，体育活动不仅可以提升人的认知能力、意志力，促进人格的全面发展，同时对矫正人的某种心理缺陷、延缓衰老也有积极作用。为此在对学生进行健康教育时，不能忽视体育教育的作用。

3.学校健康教育是全民健康教育的基础

我国体育教学指导思想随着时代的变化也发生了一定的变化。在开展全面健康教育中学校健康教育起着至关重要的作用，毫不夸张地说，学校健康教育是奠定全民健康教育的基石。目前我国青少年占我国整体人口数量的 1/4~1/3，为此做好学校的健康教育工作可以为我国全民健康教育打下良好的基础。

从另一方面来讲，学校健康教育也是我国实施全面健身计划的重要措施之一，为此作为教育教学主体的教师应当将健康教育作为教学工作中的重点教学内容之一，而作为体育与健康教育的工作者，在教学过程中要树立正确的教学指导思想，始终将"健康第一，全面提高健康素质"作为学校健康教育的指导思想。这在一定程度上对我国体育教师教学提出了新的要求，要求体育教师在教学中将健康教育贯穿于整个教学之中，不断提升学生的身体、心理、社会适应等方面的能力。

四、生命教育理念

（一）生命教育

目前我国生命教育开展情况并不十分乐观，这在一定程度上也表明了开展生命教育迫在眉睫，具有深远的意义。关于生命教育的定义，部分学者认为"生命教育不仅为全人教育的理念亦为具体的教育方案或课程目的为促进个人生理、心理、社会、道德及灵性各方面的均衡发展以建立自己与他人、环境以及宇宙的相互尊重与和谐共处的关系协助其追求生命的意义和价值以期达到健康和正面的人生。[①]"

生命教育的意义体现在多方面，如引导学生探索生命的意义、引导学生探索人生价值观、培养学生珍惜生命及体验生命的能力，此外生命教育的意义还包括培养学生适应现代社会的能力。从生命教育的目的角度来看，生命教育主要是为了让学生更好地了解自己，并在此基础上建立自信，进而实现自我价值。另外，生命教育的目的还有以下两个方面：第一，通过生命教育不断提升学生人际沟通能力，使其可以与人和谐相处；第二，引导学生接触、体验大自然中的多元生命

---

① 郑洪冰. 生命教育的意义与内涵——两岸三地生命教育初探 [J]. 现代中小学教育，2007（02）：4-6.

形态。

从生命教育层次角度看，它主要包含三个方面：第一，生存能力教育。生存能力教育主要强调的是提升学生个体得以存在和发展的能力。第二，生存意识教育。简而言之，生存意识教育就是珍惜生命教育，即通过生命安全教育、生活态度教育以及死亡体验教育等方式提升学生珍惜生命的意识。第三，生命价值升华教育。具体来讲，它主要指的是通过教育来提升学生的生命质量，这是生命教育的最高层次。

（二）生命教育理念的意义

从某种意义上来讲，生命教育不仅是享受生命的过程，也是关怀生命的过程，而这种关怀则是将人的价值、社会价值以及教育发展价值融汇、统一于"生命活动"实践中。

第一，体育教育是引导学生重视生命安全的教育。体育教育不仅能够对学生的身体施加影响，也能够对学生的精神世界产生影响，促进学生对生命安全的重视，培养学生意志品质的提高。体育课上时时刻刻伴随着安全教育，这种安全教育不仅仅是针对体育运动技能方面，更多的是针对生活和生存技能方面。在体育课程中，学生在学习运动技能的同时，学习如何保护自己，明白热身能够降低肌肉黏滞性、肌肉力量训练有利于保护关节等，把对体育运动的认知深入到保护自我安全、免于意外伤害的层面上，体育对于生命的尊重与爱护便被充分挖掘出来。因此体育教育注重对学生安全意识的培养、对生命安全的重视、个人潜在能力的释放以及个性的发展。

第二，体育教育是锻炼学生意志品质的教育。意志是通过后天努力而生成的一种品质，不是依靠先天的遗传就可以使人获得刚毅坚强的性格，而是通过后天培养与训练才能造就人的坚强不屈的性格。意志这种因素是在遇到超出身体、心理极限的时刻才能体现出来的，同时也是在不断成长与完善的过程中培养出来的。体育作为一门涵盖吃苦、克服困难、坚韧不拔、竞争、对抗等特点的课程，对培养学生坚强的意志品质起着重要的作用。在进行一些竞技类的体育活动中，学生们都要承受身体与心理上的压力，从而培养毅力，形成积极向上的品质。这样，学生面对困难的时候就不会轻易地放弃，能提升对生命重视的坚强意志。

第三，体育教育是对学生个性化发展的教育。因为每个学生的身体素质、个性心理、原生家庭、教育和成长环境均不相同，因此异质性是学生群体的基本特征，每一名学生都是一个独立的生命个体存在。他们具有自己的认知方式和个性，尽管学生在成长的过程中有着某些共同的特点，但是不能因为这一点就将学生的个性抹杀。对于不同的学生，其对生命的道德教育认知是存在一定偏差的，生命的道德教育最重要的一点就是对生命的认可度，如果没有对生命的认可作为保障，就会对生命漠视。

第四，体育教育是引导学生体验生命本质的教育。在生命教育的背景下，教师应关注学生的整体化发展，因为学生不仅仅是一个学习者，更是一个完整意义上的生命体验者。教师要充满人文的关怀，关注每一位学生的生理与心理特征，以学生的生命发展为根本，将学生的主体地位凸显出来，使得教育具有人性的美。在体育课程的教学与实践过程中，学生们在竞技活动中难免会产生消极的情绪，由于学生处在青少年时期，在面对问题时容易选择极端的方式解决问题，甚至蔑视生命。由于每个人的生命只有一次，教师要引导学生们学会珍惜保护自己的生命，懂得关爱和尊重生命。从事体育教学的教师，他们有经验将学生们在竞技运动中所产生的生命的冲动加以引导和诠释，将其很好地引导为竞技体育精神，并不断地保护、帮助学生健康成长。

第五，体育课程是对学生的"全人教育"。体育课程在学生的各个学业阶段都是必修课程，在学生的生活中扮演着不可或缺的角色，它不仅要求学生们锻炼身体，强健体魄，在丰富学生们课余生活的同时，也引导着其心理的健康发展，提高社会适应能力。当代学生在校期间的学业压力、就业压力都需要有一个强健的体魄与心理素质作为坚强后盾。体育课程可以促进学生大脑的开发，使神经系统的兴奋和抑制过程更加集中，对外刺激的反应更加灵敏、迅速，提高并增强学生的感官素质、神经系统功能。在体育活动中，学生会面临各种各样的困难，这些困难要求每位同学不断挑战个人的生理极限，培养勇敢顽强、坚持不懈的品质，保持积极向上的状态。同时体育对提高学生的社会适应能力有着极其重要的作用，体育运动不是一个人的舞台，它是一项通过集体团结协作努力以获得成绩的活动，在集体环境中，可以培养学生学会领导、服从以及养成充分展示、自我约束的良好行为习惯。

五、以人为本理念

"以人为本"有着时代的内涵。作为现代教育的基本价值观，"以人为本"则强调要把教育与人的生活幸福、人的自由联系起来，以人文精神培养现代人，以全面发展的视野培养全面发展的人。它的意义在于把人放在第一位，主张以人之现实生活作为教育教学的出发点，顺应人的禀赋、提升人的潜能、促进人的生活质量的改善。"以人为本"体育教育理念要求通过学习培养学生的体育兴趣，积极影响学生的人格发展，养成健康的生活习惯。为此应建立淡化竞技、注重健身增强的体育意识，发展学生个性、培养体育能力、养成以锻炼习惯为中心的新的内容体系，旨在让学生从总体上了解体育的本质及体育锻炼对身体和心理的良好影响，自觉运用在课堂上所掌握的体育知识和健身方法指导自己进行课外锻炼，自觉投身于全民健身的行列之中，从而获得终身锻炼及终身受益的能力储备。

第一，"以人为本"体育教育理念的出发点：强调发挥教育中每个主体的作用。提及"以人为本"体育教育理念必须首先提及该如何在教学过程中贯彻学生的主体地位。根据现代教育理念发挥学生的主体作用，其核心就是充分重视人自身的发展，将学生的全面发展同个性发展统一起来，充分开发每个学生个体的潜能，在掌握知识的过程中引导学生学会学习、学会做人、学会适应社会，使之能够在复杂多变的社会环境里正确地进行知识的选择和创新，成为社会所需要的人。当然这种办学理念是离不开教师的辛勤劳动的。没有一流的教师就难培养出一流的学生。如何把教师的主体精神发挥出来，激发他们的积极性和创造性，依靠教师达到培养合格学生的目的同样是我们倡导"以人为本"教育理念不可分割的一个方面。"以人为本"体育教育理念立足强调发挥人的作用，在充分发挥教和学两方面主体积极性的基础上，达到实现体育教育的最终目标。

第二，"以人为本"体育教育理念的核心：重视人的健康素质提升。中华人民共和国成立以来，我国体育教育受到苏联教育模式的影响，十分重视对学生进行体育知识和技能的训练，但对学生人格的养成和其他综合素质的提高没有足够的重视。学生从小学到大学过多被限定在掌握体育的基本知识、基本技术和基本能力上，忽视了学校体育教育本身的多样化功能。2002 年 8 月教育部颁布了大、中、小学《学校体育与健康课程教学指导纲要》，强调"健康第一""以人为本"的体育教育理念，这必将对学校体育教育产生深远的影响。立足"以人为本"的思想，让所有的学生在学校体育教育过程中树立"健康第一"的思想，掌握一些能够终生从事体育锻炼的手段和方法，终生重视健康、强体才能以强健的体魄和健康的精神去服务于社会。"以人为本"的体育教育理念高度重视人自身的发展，通过体育教育使人在身体、心理、社会适应能力等方面获得全面的发展，将个体的全面发展同个性发展统一起来，将个体的人文精神同科学精神统一起来，充分开发个体的潜能，使之能够在复杂多变的社会环境里正确地进行知识选择和创新。培养社会所需要的人是一切教育活动的中心，体育教育在培养社会所需要的人和全面提高人的综合素质方面是其他学科所无法比拟和替代的。重视人的全面发展必然成为"以人为本"体育教育理念的核心，"以人为本"体育教育理念也自然成为现代学校体育教育的必然选择。

第三，"以人为本"体育教育理念的目的：促进人的主体性发挥。人的主体性是"以人为本"体育教育理念在体育教学中的反映，也是体育教育的最终目的。教育的基本功能就是发展人、完善人，体育教育作为教育的组成部分同样担负着发展人和完善人的功能，突出发展和培养学生的主体性。主体性包括人的独立性、能动性、自主性和创新性，是对主体自身的能力、品性、状态、价值取向等属性的一种评定。教育作为促进人类自身发展的重要手段和工具，在提高人的素质、构建新的认知体系时不能不注重学生个体主体的培植。"以人为本"体育教育理念要求在体育教学方法和手段上更加注重学生的"学法"，特别关注学生个体差异与不同需求，运用不同的方法和手段使学生的一般发展、共同发展与特殊发展、差别发展相结合，确保每一个学生受益。在关注整体教学目标的同时，充分发展每一个学生的想象力和创造力，提高学生自主学习的积极性。"以人为本"体育教育理念在促进人的主体性的过程中必须重视体育教学评价的"人文性"，对于不同的身体条件、运动技术水平、心理素质、社会适应能力的学生，要采用不同的评价方法，使他们能正确认识体育的目的和作用，从单纯靠运动成绩来评价体育学习的好坏，到真正认识和体会到体育学习的价值享受体育的乐趣。

第三章 体育强国战略下高校体育教学改革

为贯彻落实体育强国战略，在"体育强国""健康中国""全民健身"的体育梦想的促进下，高校体育教学改革势不可挡。本章主要从高校体育基础知识创新教学和高校体育教育教学模式构建两部分来阐述体育强国战略下高校体育教学改革。

第一节 高校体育基础知识创新教学

体育理论知识是在校学生必须掌握的一门基础知识，学生利用掌握的理论知识可运用到体育课和体育锻炼上，学生在自行锻炼中碰到应急的情况时能够利用学到的理论知识来处理。体育基础理论知识包括体育的概况和历史、体育的作用和功能、体育锻炼的原理和方法以及体育各项运动的技术技能、体育卫生保健的常识、体育竞赛和奥运知识及体能测试与评价。

一、高校体育基础知识教学存在的问题

体育基础理论知识是学生从事体育活动的根本指导思想，是高校学生体育意识形成与深化的前提，是培养"终身体育"的理论基础。然而在实践工作中，通过对学生的接触和了解，深深感到高校学生体育理论知识的不足。比如：上海理工大学每学期都进行二课时的理论教学，但就靠这130分钟的理论教学要学生很快掌握八个章节的内容是不可能的，所以还是靠学生自己去阅读和理解。虽然说在高校上体育理论课已是进步，但开设的学时是远远不够的。每年上海理工大学还进行一年一次的理论考试（在大一大二中实行），并纳入体育成绩的总分，虽说是只占10%，但必须是60分以上，否则补考，补考不及格的学生这学期的体育成绩总分不及格（我们实行的开卷考）。虽然是开卷考，但还是有一部分学生不及格，反映了高校学生的基础理论知识的贫乏，也折射出高校基础理论教育的

薄弱，基础理论知识教学问题亟待解决。目前，高校体育教学与研究，还是偏重于实践技术方面，基础理论教学一直未能从根本上引起重视。方法单调，手段乏力，致使体育基础理论教育滞后，导致高校体育整体发展的不平衡。这样势必影响高校体育的教学效果，不利于高校体育目标的顺利实现。

大学生在思想意识上不是很重视体育基础理论知识的掌握，但大多数学生认为掌握体育理论知识还是有必要的。体育科学是一门综合性学科，其基础理论知识涉及自然科学和社会科学。根据高校学生的知识结构和思维特点，对于体育基础理论知识完全能够了解、接受和掌握，乃至运用。了解和掌握体育基础理论知识还能够丰富大学生的知识结构、加强对体育的科学认识。

二、高校开展体育基础知识创新的措施

高校学生体育基础知识了解与掌握少，尤其是对体育锻炼的基本原则和方法、体育卫生与保健方面的知识缺乏更明显，而这些方面与实现高校体育目标有着极为密切的关系，它势必影响学生对体育的科学认识和正确体育观念的形成，同时也会对学生独立从事体育锻炼和养成良好习惯造成不利影响，为此加强高校体育基础理论教育迫在眉睫。

（一）增加体育理论课时数，提高占比

增加体育理论课时数、理论成绩在体育课总成绩的比例。多数学生认为开设体育理论课是必要的，而高校体育教育是学生体育学习的最后阶段，要使学生掌握一定的体育基础理论知识，每学期必须有 1/6 学时左右的体育理论课，以完成高校体育教学任务。理论成绩应占总成绩 30%~40% 左右，使学生能够用理论知识去指导实践，从而提高学生学习的积极性。

（二）改变理论教学顺序，增加新知识

教学顺序要打破以往常规，应考虑学生实际情况，使他们容易接受，为今后终身体育奠定基础，先向他们传授体育锻炼的原则及方法、体育卫生保健常识，然后是体育功能和高校体育目的任务。在学生对体育锻炼价值有所领悟后，再讲思想启发性的内容，使教学收到较好的效果。

（三）加强师资队伍的建设

教师应不断进行理论业务学习，采取走出去请进来的方法，进行专门基础理论科学化、系统化短训班学习，不仅要专业理论过硬，同时在基础理论上也能胜任，尤其是基础理论课，最好有专职理论教师授课。

（四）采用开卷考试，提高自主学习能力

理论课考试宜采用简单实用的、针对性较强的、平时作业式的理论考试，使学生由被动转为主动学习，把学生推到自我设计的角度上来。这样会有利于提高学生的主动性。

（五）采用现代化技术教学，加强宣传力度

目前高校很多学科都采用现代化技术教学，如电化教学、多媒体技术。教师在进行教学设计时，编制出合理适应学生学习需求的体育基础理论教学软件，以启发和引导学生积极自主地有创造性地去学习知识。还可通过校园广播、板报等形式做宣传以营造教育气氛，让学生随时随地了解和掌握，使体育基础理论知识真正发挥作用。

第二节　高校体育教育教学模式构建

现代体育教学强调体育教学活动中教师与学生都能在良好的教学气氛和环境中实现无障碍的交流，这种良好教学环境的创设在很大程度上依赖体育教学模式的选择与教学应用。不同的体育教学模式能为体育教学活动的开展提供不同的教学框架，以实现体育教学不同教学要素的合理规划与科学安排，促进不同教学课程目标的实现。新时期的体育教学模式创新也是高校体育教学创新的一个重要方面，本节主要就体育教学模式相关理论知识和教学应用、发展创新进行系统研究。

一、体育教学模式概述

（一）体育教学模式的概念与分类

1.体育教学模式的概念

关于体育教学模式的概念，目前在学术界还没有统一的描述，我国学者对体育教学模式的研究角度广泛，不同学者对体育教学模式的认识不同，概念描述侧重点不同。在我国有关体育教学模式的概念描述中，具有代表性的观点有如下几种。

（1）体育教学模式是在体育教学思想指导下，典型、稳定的课堂教学结构。

（2）体育教学模式是体育教学思想指导下，相对稳定、系统、理论的教学模型。

（3）体育教学模式是一种活动策略和方式，是一种教学过程和方法体系。

（4）体育教学模式是在体育教学理论、思想指导下的一种教学活动模型。

（5）体育教学模式蕴涵了特定教学思想，以实现教学目标为根本，在特定教学环境下对体育教学活动的框架式、操作性安排。

（6）体育教学模式是在一定教学思想或理论指导下建立的体育教学活动范型。

简单来理解，体育教学模式以特定的体育教学思想为指导，是一种稳定的教学程序，终极目的是完成体育教学目标。

2.体育教学模式的分类

新的课程标准公布以来，对教学目标的表述有了较大的变化，以前的教学目标强调的"增强体质、掌握三基、思想品德教育"三个方面，而新课程标准下的体育教学目标包含了"运动参与、身体健康、运动技能、心理健康、社会适应能力的发展"五个方面，因此，体育教师应结合具体的教学目标选择合适的体育教学模式（图3-2-1）。

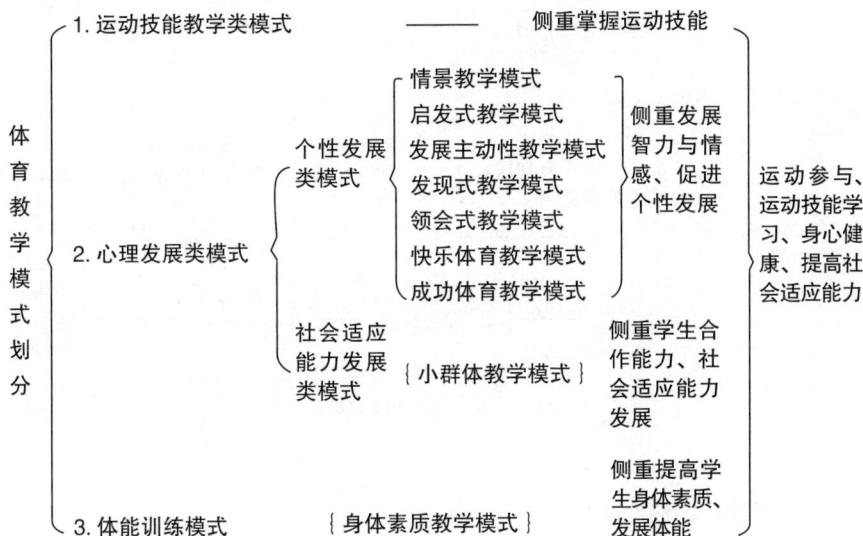

图 3-2-1 体育教学模式划分

（二）体育教学模式的系统构成

就整个体育教学来说，体育教学模式是整个体育教学系统中非常重要的一个系统要素。在体育教学系统中，体育教学模式既是一个相对独立的、完整的教学系统，同时也与整个体育教学系统中的其他教学系统要素保持着密切的关系。

在体育教学模式系统内部，体育教学模式的各种构成要素之间的有机结合使得体育教学模式能够符合当前的体育教学现状、符合体育教师的教学要求和学生的体育学习需求，能够保证良好体育教学效果的获得，是保证体育教学模式正常发挥作用的基本前提，体育教学模式的各要素的优化组合，就构成了教学模式一定秩序或流程（图 3-2-2）。在教学实践中，安排好体育教学模式各要素之间先后、前提和结果等关系，有助于促进体育教学模式功能的实现和教学效果的不断优化。

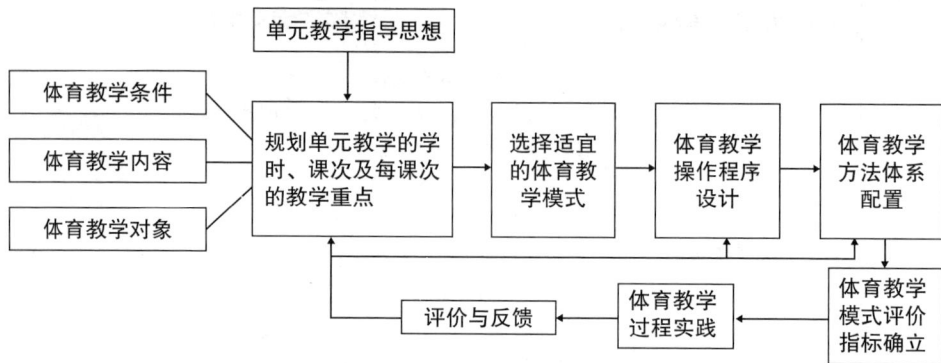

图 3-2-2　教学模式流程

二、新型体育教学模式

（一）多元智能教学模式的构建

1. 教学模式理论基础

多元智能理论，由美国哈佛大学心理学教授霍华德·加德纳（Howard Gardner）提出。他认为，每个人都具有多元智能，各种智能之间互不干扰，学生之间存在客观的认知能力差异，教育应促进不同学生的不同智能的发展。

多元智能教学模式以多元智能理论为指导，重视体育教学活动的开展对学生多元化智能的发展和促进，要求体育教师结合不同学生智力发展水平有针对性地安排体育教学程序和内容，通过多样化的、丰富的教学方法、内容，满足学生的不同学习兴趣、需求，为学生参与体育学习提供良好的环境和基础，并对学生的能力进行客观、全面、多维的评价，促进学生的体质、心理、健全人格和社会能力等各种素质的多元发展。

2. 多元智能教学模式构建实施

构建多元智能教学模式，应突出教学模式的以下重点要素。

（1）教学形式的多元化。包括教的形式和学的形式，为教师、学生，提供更多、更优的教学形式选择，突出学生的教学主体地位，满足教师与学生的教授与学习需求，构建和谐师生关系。

（2）教学内容的多元化。丰富体育教学内容，并使体育教学内容兼具创新性和时代性特征。

（3）教学方法与手段的多元化。丰富体育教学方法和手段，运用多种方法和手段的组合形式提高学生学习兴趣和激情。

（4）教学考评的多元化。体育教学考评的内容、标准、主体都应多元，以确保体育教学评价的客观、全面。

（二）体育俱乐部教学模式的构建

1. 教学模式条件基础

体育俱乐部教学模式是学校与学生共同参与组织的新型教学模式，该教学模式充分考虑了学生的体育兴趣，将学生的体育教学与课外体育活动参与有机结合起来，教学形式更加灵活、气氛更加活跃。体育俱乐部教学模式在体育教学中的尝试应具有以下条件。

（1）体育俱乐部应具备丰富、先进的设备、器材，保证体育俱乐部各项活动的正常运行。

（2）体育俱乐部应建立完善的俱乐部责任制度、体育运动卫生安全制度，并建立相关的监督机制。

（3）体育俱乐部应由对应的专业体育教师指导。

2. 体育俱乐部教学模式构建实施

（1）以学生的体育学习兴趣为基础构建体育俱乐部教学模式。

（2）体育俱乐部教学应与学校的体育必修课、体育选修课充分结合起来，促进课上、课下体育教学的衔接和延续。

（3）学校应加强对学校体育俱乐部的管理和指导，规范体育俱乐部体育活动。

（三）多媒体辅助教学模式的构建

1. 教学模式技术基础

多媒体教学辅助技术是伴随着多媒体教学技术的发展而发展起来的，是多媒体教学技术在体育教学中的一种新的教学模式应用。

多媒体教学模式的应用需要依赖多媒体教学技术，该教学模式表现出了智能性、集成性、交互性、实时性，整个体育教学资源都是以全数字化的方式加工、处理，如此使教学更加形象生动。

2. 多媒体辅助教学模式构建实施

多媒体辅助教学模式需要多媒体教学技术支持，对体育教师的多媒体技术应用能力有较高的要求，在多媒体辅助教学模式实践中，应注意以下几点：

（1）建立完整的多媒体教学系统，通过体育录像、图片、Flash 等的引入，提前做好多媒体技术准备、教学资料准备。

（2）避免单纯为了追求教学的新而采用多媒体教学。多媒体教学应与教学需要相适应。

第四章 体育强国战略下高校体育教学体系创新应用

教育是国家培养人才的主要渠道，为实现体育强国的战略目标，需要对高校体育教学进行改革创新。本章主要研究体育强国战略下高校体育教学体系创新应用，分别从高校体育教学目标创新、高校体育教学内容创新、高校体育教学方法创新三个方面进行论述。

第一节 高校体育教学目标创新

高校体育教学是高校教育的一个重要组成部分，是高校体育教育的最基本、最重要的组织形式。随着现代社会经济与文化的飞快进步及教育改革的深入发展，高校体育教学改革也取得了一定成绩，但与社会进步程度、与发达国家相比，仍有非常明显的差距。高校体育教学不进行深入改革与创新，就不能适应社会的发展及现代社会对人才素质的需求。

一、提出教学目标创新的依据

（一）社会对人才素质的需求

现代与未来社会，高等教育将担负着为社会培养新型合格人才的重任，现代社会所需求的合格人才主要的标准是：要掌握本学科专业知识及方法；将本学科知识与实际生活、与其他学科相结合的能力；具有良好的人格品质。这三条基本标准概括起来是，培养全面适应 21 世纪所需要的基础扎实、知识面宽、能力强、素质高的德智体全面发展的社会主义建设者与接班人。高校体育教学目标制定要依据高校教育总目标，并要遵循体育学科特点和规律，突出对学生体育知识、体育能力、身心素质、人格品质的培养，使德、智、美育寓于体育教学之中，以促进学生身心全面发展，为实现教育总目标服务，以培养社会所需要的现代人才。

（二）全民健身与终身体育的需要

如何加强知识分子体育基础、树立终身体育意识在于学校体育，关键在高校，高校体育是学校体育的最后一环，直接与社会相衔接。充分利用高校体育所具有的诸多优势，培养全民健身的组织者和指导者，为学生终身体育和全民健身服务是高校体育责无旁贷的任务和目标。因此抓好高校体育培养大学生的体育意识、兴趣、习惯与能力，就能够实现学校体育与社会体育接轨，改变学生毕业体育终结的现象。可以说重视大学生终身体育基本素质的培养是 21 世纪高校体育所追求的一个重要目标。

（三）满足大学生身心发展的需要

大学阶段学生的身体正常发育已基本完成，身体机能水平也处于人生中最佳时期，年轻的大学生表现出旺盛的生命力，具备从事体育运动条件，是全面发展体能、提高身体素质、强健体格的最好时期。此间，大学生心理发展也趋于成熟，他们渴望参与强身健体和身体文化活动。大学生对体育的身心需求成多元化和理性化趋势，现代大学生不仅关注强身健体，而且更注重体育健美、娱乐、休闲、交往、竞技和体育文化素质的提高。因此，高校体育的教学目标的构想和确立，应根据大学生的身心特点，从满足大学生的身心需要出发。

（四）体育功能与教学目标密切联系的需要

高校体育功能是学校体育本身所具有的特征反应，高校体育功能与学校教学目标存在着密切的逻辑对应关系。目标的确立应该同体育功能密切相关，并要设法开发其功能来适应大学生成长、现实及终身的需求。应该说，只有功能存在，才有其对目标的追求，不存在无功能的目标。学校体育的许多功能，实质上就是目标的载体。只有建立在体育功能基础上的高校体育教学目标才有其合理性和实现的可能。可见在选择确立高校体育教学目标时必须考虑体育功能与教学目标的关系及其对相关功能的开发和利用。

二、高校体育教学目标的创新内容

（一）提高大学生的体育文化素养与体育能力

体育文化素养主要包括体育哲学知识、体育社会学知识、体育美学知识、体育心理学知识、体育卫生学知识、体育保健学知识、体育欣赏知识等；体育能力方面的内容主要包括体育锻炼能力、体育组织指导能力、体育欣赏能力等。

（二）提高大学生体育的认识水平与技能水平

对体育的认识就是比较全面认识和了解体育，包括知识、内容、功能、方法等，大学生对体育认识愈全面、深刻，就愈容易转化为体育行为，可以说认识是实践行为的基础。体育技能就是从事体育实践具备的技术与能力。它是在对体育充分认识并学习掌握相关动作技术的基础上，进行的体育实践所获得的体育能力。也就是说这是在对体育体验并产生兴趣从而自觉参与体育锻炼的行为表现。这里体育技能是正确完成体育行为和达到目标的重要因素和条件。

（三）增强大学生体质，增进大学生健康

增强体质和增进健康的具体目标是全面发展大学生的身体素质、改善生理机能、强健体格、健美体型、增强对疾病的防御和抵抗能力以及对环境的适应能力。

（四）健全大学生的人格与品质

高校体育教学目标除体育教育外，全面发展大学生的人格品质主要包括：德育、智育、美育和育心的目标。德育主要目标是培养大学生良好的道德品质，使大学生具有爱国主义精神、责任感，能团结协作、遵纪守法、公平公正、文明礼貌；体育教育中的智育目标就是发展学生的智力水平，培养大学生创新精神和能力；体育教育中的育心目标，就是培养学生具有良好的心理品质，使大学生具有宽广的胸怀、坚强的毅力，有承受压力和挫折的能力，热爱生活、勇于竞争、乐于合群；体育教育中的美育目标，就是培养大学生鉴赏美、表现美和创造美的能力。

以上体育教学目标内容克服了以往教学目标缺乏科学依据和主观色彩较强的偏差，将所构建的目标建立在遵循原则、依据的基础上，把握目标的研究方法和

策略，进而提出符合现代体育教育特点的高校体育教学目标，使之更具科学性、针对性、全面性、合理性和创新性。

第二节　高校体育教学内容创新

教学内容是教学体系中非常重要的一个部分，高校体育教学中，教学内容是体育教学活动开展的重要依据，在体育教学过程中，体育教师和学生围绕体育教学内容展开各种体育教学活动、实现体育教学内容从教师的输出到学生的输入，再形成师生之间的交流与反馈，并最终达成体育教学目标[①]。

一、体育教学内容概述

（一）体育教学内容的概念与特点

1. 体育教学内容的概念

体育教学内容，指在体育教学过程中对体育知识和技能体系等方面的选择和运用。在体育教学中，教学内容是实现教学目标的重要物质载体，体育教学活动的开展，以体育教学目标为指导，以体育书面或电子资料中的知识与技能为载体，转化为学生的知识与技能，这一转化过程的所有内容即教学内容。

可以通过以下几个方面深入理解体育教学内容。

（1）教学的材料和依据。

（2）以实现体育教学目标为指导。

（3）教师从多元体育教材内容中的优选结果。

（4）教师与学生的沟通中介。

（5）制约体育教学方法和教学手段的选用。

（6）决定体育教学的效果和质量。

2. 体育教学内容的特点

（1）教育性

体育教学内容在体育教学中具有重要作用，它是教学活动开展的重要基础，

---

① 毛振明. 体育教学内容改革与新体育运动项目 [M]. 北京：北京体育大学出版社，2002.

教师和学生根据教学内容开展各种教学活动，教学内容帮助师生分别完成教学任务与学习任务。体育教学内容的教育性具体表现在对学生的身心发展的促进、良好体育习惯的培养、体育素养的培育、体育道德与精神的培养等方面。

（2）实践性

体育教学是以身体实践活动为主要形式的教学。体育教学内容的实践性表现在其对学生的身体活动指导的内容方面。现代体育中，体育教学实践内容在体育教学内容中占有很大的比例，通过该部分教学内容的传授，学生采用身体练习掌握运动项目的参与方式、方法与技巧。通过实际从事运动学习和身体锻炼，学生在身体运动中体会肌肉本体感觉的形成与动作记忆，解决其身体体育实践参与的各种问题。

（3）健身性

体育教学内容围绕体育展开，用于实现体育的教育功能，其中，最主要的功能就是健身功能，因此，体育教学内容具有健身性，在体育教学内容的展示、传输过程中，师生理解体育知识、掌握体育技能，实现对身体和心理的建设，促进身心的健康发展。就体育教学内容的最直观和基础性的目的来说，就是通过引导学生的身体参与来增强学生的体质。体育教学内容要突显出健身性，就是要因人而异，学生通过参与不同的体育教学活动，来实现自我身心健康的发展与提高，各种活动内容中，负荷应科学合理，符合学生特点，否则就可能超过学生的身心承受范围，不能对学生的身心健康发挥积极影响，或者可能超过学生的身心负荷而对学生造成一定的伤害。因此，体育教学中，只有对学生身心有益，可促进学生身心健康发展的教学内容才是科学的教学内容。

（二）体育教学内容的结构与层次

1.体育教学内容的结构

我国体育教学内容主要是从国外体育教学内容中引进的，目前，主要由三方面构成（图4-2-1）。我国高校体育教学内容体系中，西方体育教学内容占据重要的地位。体操、户外运动、民族传统体育适应了当前社会大多数人的体育健身锻炼需求，学校体育教学也以这些内容为主，通过与人们生活中常见、开展便捷、认知度和认可度高的体育运动项目的教学，来促进学生的体育持续参与、促进身心持续健康发展。

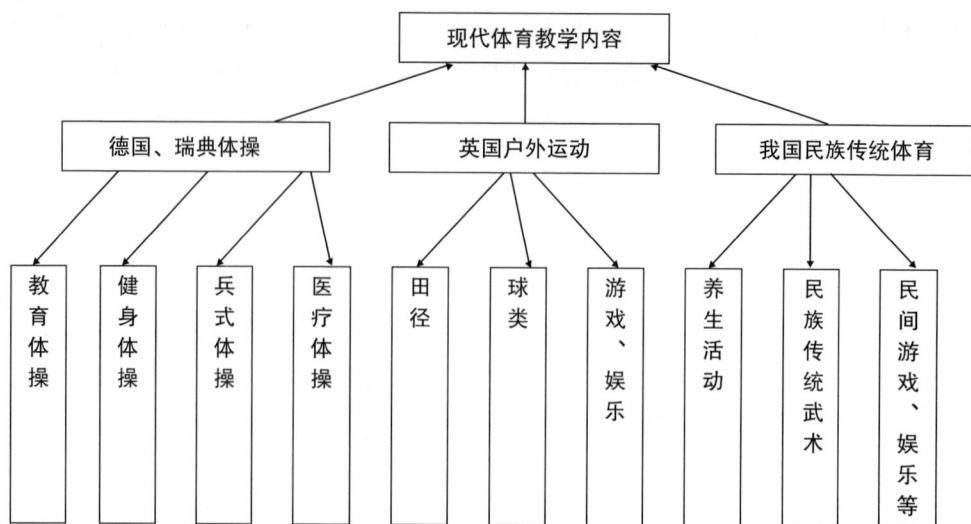

图 4-2-1　现代体育教学内容

体操、户外体育运动、民族传统体育运动教学内容在现实生活中是一种稳定存在，分析如下。首先，从外在表现来看，三大体育内容在我国现代体育教学内容体系中，均有一席之地。其次，从内在表现来看，我国现代体育教学内容三大体系的逻辑关系及功能与价值取向方面互相补充、融合、影响，是一种互不可缺的和谐关系，三者互为补充共同促进了我国高校体育教学目标的实现（图 4-2-2）。

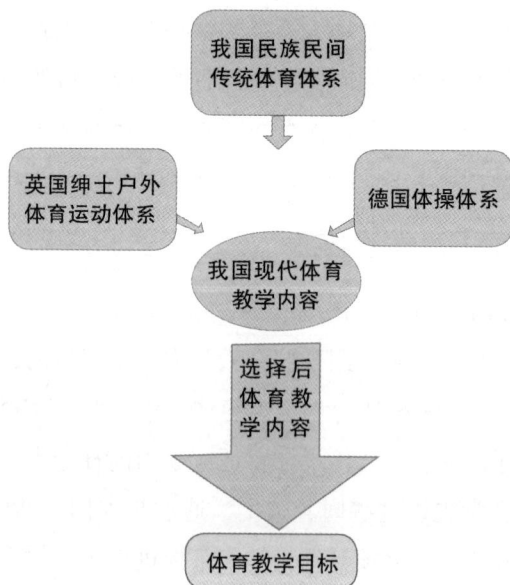

图 4-2-2　三大体育内容

2. 体育教学内容的层次

（1）宏观层面

首先，上位层次——国家课程和教学内容。国家课程是国家给予整体学校体育教学发展所规定的宏观体育教学框架内容，为全国各地各校提供了一个正确的教学内容选择方向与选择范围。国家层面的体育教学内容具有一定的政治性意义，体现了教学内容制定的行政服从。国家课程和教学内容充分符合国家意志，通过体育教育，培养和提高国民体育健康水平，并发现和培养各类体育人才。国家在体育课程和教学内容的开发方面，需要考虑的因素非常多，但是不能兼顾每一个细节，因此，国家宏观课程标准更多的是方向性指导，对于一些细节问题需要各校进行自主把握。国家体育课程内容在各地方高校中应该作为主体存在，同时，各校可进行适当调整、补充。

其次，中位层次——地方课程和教学内容。地方课程和教学内容是体育教学内容的中位层次，可体现出各校体育教学的地方特色与要求。地方课程教学内容符合国家教学内容的范围与性质，同时又能体现和满足实际教学需要，地方课程教学内容可以使本地区的体育教学资源得到最有针对性的利用，可以体现出地方体育教学的特色发展需要和地域性体育内容特征。

最后，下位层次——学校课程和教学内容。学校课程和教学内容是教学内容的下位层次，是高校最直接的体育内容体现。学校体育课程的下位层次内容是体育教师直接选择的体育教学内容，也是学生在体育教学课堂上直接接触的体育教学内容，这些体育教学内容是在国家体育教学课程与地方体育教学课程内容所规定的范围内选择出来的，同时，也是最符合本校体育教学软件和硬件设施条件、最符合本校学生特点和受学生欢迎的教学内容，体育教师在选择和甄别学校体育课程教学内容时，有较为自由的选择权，同时也能体现出地方、学校、教师的教学特色与教学要求，学校体育教学的开展质量最终还是要看学校体育课堂上直接呈现出来的体育教学内容，这是体育教学最直接影响学生的内容。

（2）微观层面

首先，第一层次——体育课程标准要求的学习内容。体育课程标准指导体育教学内容的选择，任何教师开展体育教学活动过程中对教学内容的选择都离不开课程标准要求，具体来说，教学内容应充分考虑学情。必须重点指出的是，体育课程标准所要求的教学内容范畴，是体育教学活动领域的内容。

其次，第二层次——课程标准所示的水平目标。所谓水平目标，简单来说，就是通过体育教学活动的开展，向学生展示具体的教学内容，学生通过对教学内容的知识、技能的学习与掌握，能够在体育学习与体育活动参与之后达成一个什么样的效果，对此教师应做到心中有数。具体在体育教学实践中，教师应先明确体育教学目标，确定自己的教学任务内容和学生的体育学习内容，通过教学内容的呈现、讲解、分析，内化为学生的知识、技能。

再次，第三层次——体育教学的教学物质设施。将体育教学物质设施作为体育教学内容的一个部分和层次从表面来看不好理解，但细分析来看，任何体育教学内容从书本上的文字到呈现给学生立体化的技术动作，无论教师借助具体的运动场地、运动器材的身体示范，还是教师通过直观教具、多媒体展示的图片、模型、动画等，都是需要借助一定的体育教学物质设施来实现的，体育教学中，体育运动场馆、场地、运动器材、教学教具、教学技术所依赖的设备与设施等，都是教学内容形象化、动态化呈现的一部分，因此被作为体育教学内容的第三层次。作为第三层次的体育教学内容，依据不同功能和形态、大小练习循环多少分为四个层次（图 4-2-3）。

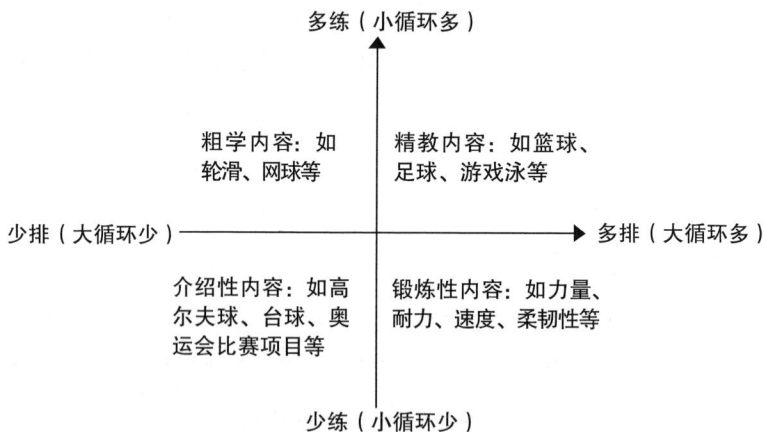

图 4-2-3　体育教学内容的四层次

最后，第四层次——体育教学的教学方法与手段。体育教学方法与手段是第四层次的体育教学内容，在体育教学开展过程中，体育教学内容与体育教学方法与手段有着非常密切的关系，体育教学内容需要依托体育教学方法与手段进行展示，该层次教学内容是某一学校课程教学的具体内容。

（三）现代体育教学内容体系构成

1. 基本教学内容

（1）基本教学内容——体育、保健原理与知识

体育教学的基础内容之一就是体育、保健原理与知识，体育、保健原理与知识是体育教学内容的重要组成部分，有助于学生科学地进行体育健身实践活动。

在高校的体育教学中，这一部分的内容基本上会在体育教学的学期初期进行教学，大部分是在第一次课和第二次课进行简述，之后这一部分会在今后的体育教学中作为知识点在技能教学中涉及。

（2）基本教学内容——田径运动

被誉为"运动之母"的田径运动，是高校体育教学的基本内容之一。在田径运动中，不仅与人的跳、走、跑、投等最基本的活动能力有着紧密的关联，而且还与其他的体育运动项目所需要的运动技能有着联系，可以辅助其他运动项目的学习。

高校的田径运动教学的内容包含走跑、跳跃等多类运动项目，因此学生在进行学习的时候首先应该对田径运动的文化进行深入了解，充分掌握田径运动的特点及其运动规律，以此，打好从事田径运动所需要的理论知识基础和运动技能，最终提高自身的体能素质，为其他运动项目的学习打下基础。

（3）基本教学内容——体操运动

体操运动作为世界上最早出现的体育运动项目之一，形成了自身的运动体系。体操运动可以促进个体的力量能力、平衡能力、协调能力、灵活能力等发展。高校的体操教学有着非常丰富的内容，比如技巧、单杠、双杠、支撑跳跃等，通过系统的学习。学生一方面可以了解体操运动发展的历程、体操文化、体操赛事、体操技术动作；另一方面学生也可以通过体操运动增强自我体能、改善体姿。高校在进行体操教学的同时也应该关注学生的心理状态，重视学生综合性生理、竞技能力等对其的影响，要尽可能为学生呈现出全面的体操内容，只有这样才能真正促进学生的健康成长和发展。

（4）基本教学内容——球类运动

篮球、足球、排球、网球、乒乓球、羽毛球等都是高校球类运动的教学内容。通过球类运动的学习，学生应该明确各类球类运动的发展历程、运动赛事和相关规则、运动组织、裁判方法等，而且还要学习和掌握各种球类的运动技能，培养自身参加球类运动的能力和意识。在体育教学中，各种运动技能的学习不是杂乱无章的，需要以各球类运动技能的认知和发展规律为依据，要先学习技术，之后是战术，再进行战术的配合学习，最后进行实践能力的提升。

高校体育教学有着丰富的球类运动项目，高校大学生人数众多，不同的学生有着不同喜好的运动项目，因此，教师面对不同的学生应该因材施教，在教学时充分考虑学生的兴趣爱好和发展需求，采用科学严谨的教学方法和模式，帮助学生掌握学习相关的教学内容，掌握相关运动项目的技术、战术等有关知识和运动能力。

（5）基本教学内容——韵律运动

高校韵律运动主要包含健美操、体育舞蹈等教学内容，由于其可以有效改善学生的身姿和形态，深受大学生的喜爱。高校韵律运动一方面可以提升学生的运动美感、表现力，提高操舞类运动能力。另一方面可以使学生学到舞蹈以及音乐理论的相关知识，不断提高学生的审美素养和创造美的能力，让学生在不断学习中了解操舞运动的相关文化和发展历程，明确相关运动特点和规律，以此才能更好地进行肢体语言的艺术表达。

（6）基本教学内容——民族传统体育

民族传统体育是我国优秀传统文化的重要组成部分，有着悠久的历史，源远流长。民族传统体育的开展一是可以继承和弘扬我国优秀的民族文化；二是根植于本土，符合广大人民群众的健身需求和观念；三是可以促进民族传统体育文化的系统化传承和发展。

高校开展民族传统体育教学，学生一是可以充分认识和了解我国丰富多彩的民族体育，了解其历史和文化，体会其中蕴含的哲学思想、价值观以及养生观；二是可以学习和掌握民族传统体育的强身健体的内容和方法；三是通过对民族传统体育的学习和练习有利于学生提高自身的体能、增强自身的心理素质以及掌握一些技击防卫、养生保健的技能。高校在进行民族传统体育教学的同时也应该重视对学生的爱国主义教育，在教学中让学生了解本民族的礼仪和文化、思想道德，以此来培养学生的爱国主义精神和民族自尊心，只有这样才能促进民族传统体育的传承，促进民族传统体育内在文化的传播。我国的民族传统体育项目相较于西方现代体育项目而言，有着丰富的内涵和完善的体系，因此，在高校体育教学中要对民族传统体育教学给予足够重视。

2. 任选教学内容

高校体育任选体育教学内容主要指的是高校自身就可以决定开设的体育教学课程，这些课程内容具有鲜明的地域性和民族性特点。

我国地域辽阔，有着众多民族，因此地域体育文化非常丰富，不同地区的高校和教师可以根据本地区的民族体育和高校特点来选择相应的体育运动项目，不仅发扬了当地的民族传统体育项目，而且还能提高学生学习的积极性。比如，在少数民族聚居的地区，高校可以开展当地的少数民族运动项目，课外也可以组织学生去采风，深入当地了解民族文化和体育项目，也可以组织相应的有少数民族体育运动项目的运动会，充分展现出高校体育教学的民族性、地域性、文化性、多样性。

高校特色体育教学内容使得高校以及教师有了体育教学的自主性和自由性，因此需要高校以及体育教师要做好功课，切实做好民族体育文化传播与传承工作。

二、体育教学内容的选择

（一）体育教学内容选择的依据

1. 体育课程目标

体育教学内容的选择依据之一就是体育课程目标。教师在教学工作中必须始终牢记体育课程目标，在进行教学内容选择的时候应该对体育教学的内容进行筛选和整合，也可以根据体育的课程目标有针对性地去选择和寻找合适的教学内容，促进课程目标的实现。

2. 体育教学规律

任何事物的发展都应该符合事物发展的规律，体育教学的开展也应该遵循体育教学的规律，比如说学生的认知规律、身心发展规律、技能形成的规律等。在进行体育教学内容的选择时，要根据不同的教学阶段进行不同的选择，只有这样具体问题具体分析，在尊重客观规律的基础上，在不违背教学规律、认知规律等的基础上，体育教学内容才能真正促进学生的学习。

3. 学生发展需要

体育教学的对象是学生这一主体，高校大学生的特点决定着高校教学内容的选择，要根据学生的实际情况进行选择。高校体育教学内容的选择应该兼顾每个学生发展的需要，使学生在经过体育教学内容的学习后可以获得自身的、不同程度的发展与进步。

4. 社会发展需要

人生活在社会中，具有社会属性，学生实现自我价值的最终归宿就是社会，因此，高校的体育教学内容要符合社会发展的需要，使学生可以适应社会发展。体育教学内容的选择不仅仅要符合学生的身心健康发展需要，而且也要考虑学生今后走出校园，步入社会的体育参与需要，要为学生今后在社会上生存发展打好基础。

（二）体育教学内容选择的原则

1. 教育性原则

体育教学内容选择的教育性原则是由体育教育的教育属性决定的，具体的要求如下。

（1）体育教学的内容要具有教育的价值。

（2）体育教学内容选择要符合体育教学的目标，并且要为教学目标服务。

（3）体育教学内容在选择上要注重内容蕴含的文化，在进行各项运动技能的学习和传授时也要传承和弘扬体育文化。

（4）体育教学内容在选择上要有侧重点，内容要能促进学生意志和道德品质的提升，使学生终身受益。

（5）体育教学内容的选择要贴合社会价值，以此促进学生实现自身价值和社会价值。

2. 科学性原则

科学性原则指的是体育教学内容的选择要遵循客观规律、发展规律，内容要具有科学性，具体如下。

（1）选择的体育教学内容应该有助于学生身心发展，促进心理健康。

（2）体育教学内容应选择科学的锻炼原理和训练方法，只有这样学生才能学习到科学的原理，助力学生之后的体育实践活动。

（3）体育教学内容本身应具有客观性、科学性。

（4）体育教学内容应与高校的实际情况相吻合，在此基础上进行教学内容选择。

3. 趣味性原则

常言道，兴趣是最好的老师，故而体育教学的内容选择也应该遵循趣味性原则，具体如下。

（1）体育教学内容只有具有趣味性，才能激发学生的学习兴趣，过分强调竞技化的内容，容易让学生产生焦虑，也容易出现知识和技能不符的情况，会打击学生的学习积极性，不利于学生的成长。

（2）了解学生特点，根据学生的兴趣爱好选择学生感兴趣的内容。

4. 实效性原则

体育教学内容的选择应该具有实效性，简单容易实行，可以有效促进学生身心健康成长。

（1）对于传统教学中难、旧、繁、偏的内容要删除，改变教学过程中过渡偏重书本知识的现象。

（2）体育教学内容的选择要选择适合大学生这个发展阶段的内容，符合学生的经验，可以激发大学生学习兴趣的，普及性、大众性、终身性的教学内容。

5. 民族性与世界性原则

我国高校的体育教学内容应该与我国的具体实际相结合，体现出民族性、地域性的特点，展现中国特色，与此同时还应该与世界接轨，吸收借鉴国外优秀文化和内容，不断丰富教学内容。

三、体育教学内容的创新与发展研究

（一）体育教学内容的未来发展趋势

1. 教学内容的学段分化和教学需求化发展

在高校传统体育教学中，老师只是简单地依据教学目标来选择对应的教学内容，有的甚至只是教授体育运动项目的技术，这样的情况导致所选择的内容不科学不严谨。在体育强国战略下的高校体育教学应该更加重视对教学的科研工作，相关教师在进行选择时候应该多方面考虑，根据教学的客观条件和不同阶段、不同性别、不同特性、不同需求的学生进行科学选择，尽可能满足所有学生的学习需求。

2. 教学内容更加关注学生的教学主体性

体育教学内容的选择不是简单的事情，受到各个方面的制约和影响。在体育教学改革之前的教学大纲中，教育工作者的价值取向往往影响着教学内容的选择。随着体育教学改革的不断深入，当前，体育教学致力于改变以往传统的、为实现教师教学而选择教学内容的方式，逐渐改变为从学生的实际需求出发，重视学生的价值取向，让教学的内容服务于学生，强调学生的学。

3. 教学内容更强调对学生综合素质的促进

在传统体育教学中，主要的目的是发现和培养竞技体育的专业人才，因此在教学内容的选择上多是专业性很强的体育运动技能训练，侧重点在于学生的技能的训练、体能的训练。随着体育强国战略的实施和体育教学改革的推进，体育更加强调学生身心健康的全面发展，明确当前教育的主要目的在于培养学生成为适应社会发展的全面型人才，注重提高学生的综合素质。在这样的情况下，"终身体育""健康第一"等教育理念指导着高校体育教学内容的选择，强调教学内容的选择应采用有利于学生身体、心理、社会适应能力等全面发展的内容。

4. 教学内容更注重学生的终身体育培养

在传统的体育教学中，竞技性内容比较多，强调学生竞技能力的发展。在现代，高校体育教学强调的是学生的长远发展以及培养学生的终身体育意识和技能。因此，体育教学内容强调为学生终身体育服务，而不是竞技水平的不断提高。要实现终身体育的目标，就需要在教学内容的选择方面贴合学生的生活，处理好健身性、娱乐性以及文化传承性的关系，也需要关注、指导学生的自我体育。

（二）体育教学内容的创新建议与措施

1. 创新体育教学内容的建议

（1）体育教学内容的选择要以学生为本，选择学生感兴趣的体育教学内容。

（2）要敢于打破传统的体育教学大纲框架，根据实际的情况灵活选择教学内容，不断丰富和发展体育教学内容，使之与学生的实际生活、学习和老师的教学实际相符合。

（3）体育教学内容上要逐渐淡化竞技体育运动技术内容。

（4）体育教学内容上要增加基础性的知识，使学生不仅在技术和体能上获得发展，同时在知识体系上得到完善。

（5）要加大对女性体育教育的重视，可以在内容上增加体育舞蹈和韵律体操等内容。

2. 创新体育教学内容的措施

（1）教学内容选用要以学生为本

高校体育教学内容改革的重要特点之一就是以学生为本，对于高校的体育教师而言，体育教学活动面向的是全校学生，学生的不同特点以及学生的情况会影响着教学内容的选择。在当前体育教育改革的推动下，体育教学内容的选择越来越重视教学活动的学生的主体地位，强调"以人为本"的教育思想。因此，老师在选择体育教育内容的时候应该坚持以学生为本，根据学生的性别、特点、兴趣爱好以及阶段性的身心发展特点来选择教学内容。只有这样才能真止提高学习的积极性和主动性，使学生更加深刻了解体育，实现学以致用。

（2）培养学生体育素养

体育教学目标是使学生养成独立的人格，实现个性，促进学生的全面发展，体育教学内容的选择应该服务于教学目标，要培养学生的体育素养，要重视学生的全面发展。

在现代体育教学中，越来越重视对学生素质教育的培养和综合能力的提高，培养学生成为符合社会需要的现代化全面型人才。在这样的情况下，体育教育成为人才培养的重要途径。因此，在高校的体育教育教学中尤其应该注重对学生体育素养的培养和提高综合能力。

高校的体育教育教学不仅仅需要关注学生的身体等生理健康，还要关注学生的心理健康以及价值观、体育观、道德品质的建立和提高。高校体育教学的内容选择应该体现这些要求，使其成为内容的重要组成部分，打破传统只注重技能训练的内容模式。

（3）丰富体育文化内容

体育文化在校园中传播、发展的重要手段就是校园文体活动，学校要保证学生参与体育文化的权力。因而，学校在做好日常的体育教学活动之外还应该结合本校的实际情况，对群体活动项目进行具体的、恰当的安排，可以增加一些大众化、趣味性强的、喜闻乐见的运动，通过群体体育活动来增进学生对体育文化和体育竞赛的了解，不断提高体育文化素养和体能水平。

当下，可以将校园的体育文化建设与课堂的体育教学活动相结合，体育教学内容的选择也应该考虑到本校的教育教学计划、本校所在地区的季节特点、本校的教学时长等，根据本校实际情况选择适合的体育教学内容，形成独有的校园的体育文化建设特色与课堂体育教育教学特色，促进学生更好地了解体育文化、学习体育知识、传承体育文化、发展体育事业。

（4）强调教学内容的实用性

高校要根据具体的教学情况和学生状况来对体育教学内容进行选择和安排。一方面要满足学生不断自我发展的需求；另一方面要满足社会日益增长的对全面人才的渴求。高校可以增加攀岩、游泳、高尔夫、野外生存等教育内容，使学生加强与社会的密切接触，加强与社会生活的联系，提高学生的社会适应能力，为学生从校园生活过渡到社会生活做好衔接和铺垫。

第三节 高校体育教学方法创新

一、体育教学中微课的应用

（一）微课的概述

1. 微课的概念

微课是一种新型的教学资源和教学模式，主要采用视频的方式，将教师在课堂内外的教学活动中传授的教学环节或者是知识点的难点与重点进行展示。微课具有区别于传统教学模式的特点：碎片化、重点清晰、很强的师生交互性、可以重复使用。微课是一种全新的教学模式，可以使学生在碎片的时间随时随地进行学习。

2. 微课的组成

示例片段即课堂教学视频是微课组成内容的核心，不仅如此，微课组成内容也有与教学主体相对应的起辅助性质的教学资源，如素材课件、练习测试、教学设计、学生反馈、教师点评、教学反思等。通过一定的呈现方式和组织关系，它们共同组成了资源单元应用的"小环境"，我们所提到的资源单元的特征就是主题式的半结构化单元资源。因此，微课与传统、单一类型的教学资源间有着很多不同，体现在：一是教学设计方面；二是教学案例方面；三是教学课件方面；四是教学反思方面等。除此之外，二者还有一定的联系，微课发展的基础是以往的教学资源，是在这些教学资源的基础上发展而来的新型资源。

3. 微课的特点

（1）碎片化

微课视频的时长大概在 10 分钟左右，主要通过录制的视频来呈现教学过程。传统的课堂时间是 45 分钟，微课使原有的段状课程转变为点状课程，使课程的内容更加细致，更加凝练。在微课这种新型的教学资源和模式下，学生也可以利用课堂之外的零散时间进行学习，比如说在排队的时候、在等车的时候，都可以利用这段时间进行学习。故而，微课的特点之一就是碎片化。

（2）重点清晰

在微课碎片化的特点影响下，在学生的学习特点基础上，微课的出现对教师的教学能力提出了更高的要求。微课的视频需要在10分钟之内将课程内容的重点讲清楚，将亮点展示出来，这就要求教师要有严谨的逻辑，不仅要在短时间内展示重点还要抓住学生的学习重点，激发其学习兴趣。

（3）很强的师生交互性

微课是一种全新的课堂形式，它的出现一方面满足了学生对知识的渴求，满足了学生的猎奇心理；另一方面改变了传统教育教学模式中教师单方面进行授课的模式。在开展微课教学的过程中，师生间的互动性得到了加强，一方面可以收到学生的及时反馈，了解学生的兴趣点；另一方面可以对学生的问题进行及时的回复。总之，不仅满足了现阶段学生对于知识的渴求和探索，而且还为教师的后续教学设计提供了反馈和思路，不断提升了课程的教学效果。

（4）可以重复使用

微课的教学模式，不仅使学生根据自身的需要，做到随时随地学习体育知识，提高学习的积极性，还能加深学习的效果，提升教学效果。例如，学生可以在课前进行体育知识和运动技能的预习，在课后通过微课对重难点进行巩固和练习。

（二）微课在体育教学中的应用

由于微课具有碎片化、重点清晰、很强的师生交互性、可以重复使用等特点，需要高校体育教学从体育微课的基本设计原则出发，开发优质的、高质量的体育微课程，不断改善高校体育教学现状，提高学生学习体育的兴趣。高校体育教学还应该不断探索体育教育方法微课的应用。总的来说，在高校体育教学中，微课在大学体育中的应用会体现在以下几个方面。

1.微课应用在学生体育需求调研中

针对高校传统的体育教学模式与高校体育教学内容的关系，高校体育教学实践活动在正式开始之前，体育教师要根据课程逻辑提炼出高校体育教育教学内容中的难点和重点。与此同时，体育教师也要结合当下的体育栏目和体育热点新闻制作体育微课，之后可以利用互联网等各种渠道在学校内部广泛传播。通过学生对微课的点击率和同一条帖子的评论的调查，体育教师可以对体育课程内容的合理性进行有效评价，这样可以深入了解学生的兴趣和期望。此外，在前期，体育微课的传播可以有效调动学生体育学习的积极性，使学生对将要学习的新的学习内容有所期待，逐渐使学生的被动学习行为转变为主动学习行为，不断提高学生的体育参与度。

2. 微课应用在体育课程设计中

对于体育微课，它一方面是对传统高校体育教学模式的补充；另一方面也是多媒体时代高校体育教学发展必然会出现的结果。微课的出现重新定义了原来的体育课程设计。例如，"工作"一词经常在学生中被提及。因此，有必要确保体育课程科学、扎实、有血肉。在高校体育教学后期，体育课程设计会发生改变，对室内体育理论课程和室外实践课程的现状进行融合与整合。同时，考虑到多媒体时代大数据的时代特点，在设计室内理论课程时，教师和学生可以集中进行信息和数据的交流，以便在体育课程中触发头脑风暴，打造更加公平、自由的体育课程。此外，以这种形式，可以进一步更新体育教师的教学思维，也可以使学生的思想得到解放，提升学生学习热情。

3. 微课应用在体育课程教学中

一方面，体育教师可以根据当前体育赛事的热点和体育课程的新内容，设计新的体育课程，并引入微课。在开展体育课课堂教学过程中，教师可以组织学生集体观看，主要目的是吸引学生的注意力，激发他们对体育课学习的兴趣；另一方面，体育教师可以在体育教学实践活动的过程中，将复杂动作的教学录制成视频，转化为微课。同时，在体育课堂教学过程中，可以反复播放给学生，呈现出更直观、生动、形象、具体的教学内容。体育教师可以根据新课内容结合时事、体育热点等方面设计新颖的新课导入型微课，让学生观看，主要目的是吸引学生的注意力，使学生进入学习状态。

4. 微课应用在体育课后辅导中

基本上，高校体育课每节课的教学时间为 45 分钟。高校体育教学时间的有限性，使得老师准备的全面的教学内容几乎不可能实现精细化呈现。因此，有些学生不能跟上教学节奏，不能完全掌握所学的运动技能。所以，若是体育课教学结束时，发生这样的事情，教师可以将包含高校体育教学要点、难点、重点的微课视频分发给学生，使学生可以在课后练习所学的技术动作，复习课内所学的内容，从而有效保证新旧都复习到，提高学生的学习效果和教学效果。

5. 微课应用在体育课程分享中

本质上来说，分享就是学习，学生们喜欢在朋友圈分享一些好的视频课程，这样可以感染身边的朋友和同学，扩大自己的学习圈。因此，我们应该构建一个倡导共享精神的学习型社区，从而保证学习型社区中共同体成员之间能够相互监督，彼此分享有用的体育学习信息。比如，体育舞蹈教学中使用微课，学生可以分享自己学过的、比较好的、比较感兴趣的体育舞蹈课程，让越来越多热爱体育舞蹈的学生可以通过这样的方式及时获取和分享学习资源。同时，学生还可以自发组织校园内其他有相同兴趣的同学一起学习体育舞蹈微课，推动体育舞蹈社团的进一步发展，比如，通过快闪等社团活动的有效组织，丰富学生课堂学习之外的生活。

二、体育教学中慕课的应用

（一）慕课的概述

1. 慕课的授课形式

慕课并不是搜索，而是通过一个共同的主题或话题把世界各地的学习者和讲师联系起来的一种方式。几乎所有的慕课课程都是以每周专题讨论的形式进行授课，只会提供给授课老师和学习者一个大致的时间表。不过，一般来说，慕课的课程对学习者而言不会有什么特别的要求。慕课相对于其他课程的结构来说是比较简单的，一般讲解的内容比较简单，比如阅读建议、每周的问题讨论等。

2. 慕课的主要特点

（1）规模大

所谓规模比较大的特点，主要是指互联网开放的大规模课程，而不是以个人名义发布的一两门课程。在此我们提到的互联网开放的大规模课程，主要是指参与者发布的课程，慕课就是一个典型案例。

（2）开放课程

慕课是开放的课程，所谓开放的课程，一般而言会严格遵守知识共享许可（CC）协议。

（3）网络课程

与网络课程相关的资料一般是在网上进行发布，而不是面对面的授课课程。因此，慕课课程的显著特点是对上课地点没有特殊要求。比如，如果你想学习美国大学的一流课程，无论你在哪里，都不需要花太多的钱，只要有网络连接和一台电脑就可以享受到。斯坦福大学校长约翰·L·汉尼希（John L.Hennessy）在一篇评论文章中曾表达过这样的观点：学术大师所教授的小班学习课程水平还是很高的。然而，事实证明，网络课程也是一种可以取得高效成果的学习方法和方式，如果和大班相比，学习结果是一样的。

（二）慕课在体育教学中的应用

1.高校体育教学中慕课的应用价值分析

慕课传入中国已经有很长一段时间了。与此同时，很多学校已经开始尝试这种全新的教学方式。然而，高校体育教学中却很少使用慕课。事实上，在高校体育教学中也非常适用慕课这种教学法。

随着互联网的迅速发展，人们每天都可以上网，无论是浏览网页、了解新闻动态还是刷微博了解时事，我们可以看到，网络在现代人生活中承担着越来越重要的责任。对于慕课来说，互联网的飞速发展和当下人们生活方式的改变影响着人们生活和学习，慕课充分利用了学习过程中的网络条件。

此外，慕课是一种学习方式，具有主动性的特征，因此任何人的监督和胁迫都不会对慕课产生作用。学习者可以根据个人的兴趣爱好，选择和学习自己喜欢的运动。同时，慕课拥有非常广泛的资源，慕课在高校体育教学过程中得到应用，可以使教师和学生共同使用国外高校的体育教学资源，促进学生的学习。

当前，体育教师讲授和学生接受学习是学校体育教学的主要形式，这就是说在大学体育课堂教学中，首先教师会对体育知识和动作进行讲解和演示，然后学生根据老师的教授进行练习。但我国大部分体育课的时间为45分钟，高校为一个半小时，在体育课的准备活动完成后，体育教师将对运动技术和动作进行讲解和演示。然而，一节体育课消耗了大量的时间在老师讲解上，导致学生的练习活动在剩下的时间里无法顺利进行。针对这个问题，慕课可以很好地解决。

采用慕课的教学形式，当体育课教学结束后，学生可以在课后自主、灵活地复习。体育微课视频中包含真人操作和讲解，这可以帮助学生对体育课所学的动作进行复习和记忆。高校体育教学时间虽然比其他阶段的体育课时长，一般为一个半小时左右，学生在老师进行讲解后还可以有足够的时间去练习和吸收运动技术。然而，他们只能对每门体育课修习一次。基本上，每学期要学习的内容都是相同的，学生存在个体的差异，对于一部分想进行深入学习的学生而言不利。

在高校体育教学中采用慕课教学法，一方面可以深入开展学生学习活动；另一方面可以使学生掌握自己的学习进度，提高学习的自主性和积极性。同时，由于慕课的学习资源非常丰富，这有助于学生找到适合自己的运动项目和运动方式。比如，对于一些学生来说，并不适合进行剧烈运动的锻炼，因此，他们可以在慕课上寻找更适合自己的运动项目。这样既能避免损伤自己的身体，又能顺利实现体育锻炼的目的，一举两得。

当今社会，学生的体育锻炼问题很多家长非常重视。为了保证孩子的健康、茁壮成长，家长们总喜欢带着孩子一起进行散步、晨练等锻炼活动。面对这一现象，不禁让人疑惑，这些体育活动真的可以实现强身健体的效果吗？通常来说，人们认为只要参加体育锻炼就有益于自己的健康发展。但需要注意的是，人们只有以健康的方式进行体育锻炼，才不会对身体造成损伤，也不会浪费体育锻炼时间。如果在高校体育教学中采用慕课的方式，学生可以参照慕课中的标准动作来完成体育锻炼活动。在这种情况下，慕课就像一个专业的私人教练陪伴着学生进行锻炼，正确指导体育锻炼活动的进行。

2. 慕课应用在高校体育教学中的未来发展

慕课这种教学方法来自国外，我国高校采用这种教学方法才刚刚开始，因此，有些内容并不适用于我国高校，这就需要一定的实践去调整磨合才能适应我国的教学理念。

基于慕课这种形式，我国各高校都应该根据自己学校的特点和实际情况，录制慕课视频。同时，在录制慕课视频时，来自多个学校的老师可以一起参与慕课的录制和讨论，然后选择多个优秀的视频上传到互联网上，学生可以根据自身的特点和教师的风格选择适合自己的慕课视频进行观看学习。不同的教师有着不同的教学风格和教学方式，并且教师录制的慕课是一个由多名教师组成的慕课，因此学生可以选择最适合自己的教师。除此之外，这样的环节可以避免为数众多的大班授课，也可以有效地改善学生听课效果不佳、学习效率不高的问题。高校体育教学中采用慕课的教学方式，可以实现小班化教学的目的。同时，多名教师录制同一科目，可以在老师间形成比较和竞争，也可以帮助学生更仔细地观察教师的教学缺点，提出反馈意见，以此提高高校体育教学质量。

由于慕课在高校体育教学中的应用主要基于在线教学，因此不存在所谓的监督制度，这就需要学生具有高度的自觉能力和自主学习能力。在高校体育教学评估与考核问题方面，可以不再使用计算机评估方法，可以在体育教师组织学生进行网络学习后，安排传统的考试。这样的考核可以避免学生作弊现象，也能检测学生的学习成效。对于慕课的作用，老师和学生都应该正确看待。

对于慕课这种教学方式来说，教师并没有完全解放。例如，高校体育教学过程中采用慕课教学，在这个过程中学生有问题，他们只能观看同一个视频。为此，师生之间应该进行定期的、有规律的交流和沟通反馈，一方面这样可以增进师生之间的感情，另一方面有益于学生的学习。虽然慕课在我国的应用还处于初步发展阶段，但慕课的发展是现代网络飞速发展背景下的必然趋势。高校体育对慕课的运用，可以给未来的教学带来全新的启示。

值得注意的是，在高校运用慕课这种教学方式开展体育教学时，应该以我国高校实际的教学情况为基础。例如，在篮球课堂教学过程中，不仅要教手指上的动作，还要教脚上的动作，更重要的是，这二者的教学活动应该紧密联系在一起。鉴于此，教师在制作相关的慕课时，不仅要对这些动作进行分解，还要有一个标准化的整体动作，以便于学生进行学习和模仿。我国对于慕课在体育教学中的应用并不广泛。如果高校体育教学要构建完整的慕课体系，需要大量相关的慕课体育教程。如果引进国外的教学资源，这些资源多是外语，很多专业名词会造成学生的理解困难。这就需要慕课在制作时要聘请优秀的专业教师进行制作，按照一定的标准进行设定，这有利于慕课的进步和发展。

三、体育教学中翻转课堂的应用

（一）翻转课堂的概述

1.翻转课堂的含义

所谓翻转课堂就是英语词汇"Inverted Class-room"或"Flipped Classroom"的翻译，主要指的是调整课堂内外的时间。从本质角度上来说，教师不再有学习的决定权，而是将学习的主动权转由学生掌握。在翻转课堂教学模式的应用过程中，学生可以在有限的课堂时间内开展更有针对性的学习活动，学生和老师可以共同研究和探讨全球化的挑战和现实世界中的问题，从而获得深层次的理解。

在实际的教学过程中，教师不会花费宝贵的课堂时间来教授信息，但在课堂教学结束后，学生需要对信息进行学习，比如听播客、参加视频讲座、阅读电子书或通过网络与其他学生进行讨论、总结等途径来进行学习。总之，采用翻转课堂在任何时候都可以查阅到所需要的材料。

除此之外，翻转课堂还能使教师与每个学生交流的时间增加。当课堂教学结束后，学生将能够独立地规划学习的内容、学习的节奏、学习的风格以及知识的呈现方式。同时，教学方法和协作方法可以满足学生的知识需求，以此来促进学生的个性化学习，达到确保学生学习活动真实性的最终目的。

2.翻转课堂的主要特点

在很久之前，人们就开始对视频教学方法进行研究。最直接的证据是，世界上大部分国家的人们在20世纪50年代接受了广播和电视教育。那么为何当年所做的探索活动没有对传统的教学模式产生影响，而翻转课堂却引起了人们的广泛关注呢？作者认为，这是因为翻转课堂的一些明显特性。在下文中，我们对翻转教课堂的特点进行详细分析和论述。

（1）简洁、精悍的教学视频

不管是亚伦·萨姆斯与乔纳森·伯尔曼的化学学科教学视频还是萨尔曼·汗的数学辅导视频，我们很明显可以看到一个共同点，那就是视频短小精悍。大部分视频时长通常是几分钟，较长的视频也只需要十几分钟。而且，每个视频的问题针对性很强，方便观看者进行查找。控制视频的时间长度主要是为了在学生注意力比较集中的时间内进行高效教学，符合学生身心发展的规律。网络上的视频可以进行回放和暂停，这就使学习者自己可以把握自己的学习进度，提高自主学习能力。

（2）清晰和明确的教学信息

在萨尔曼·汗的教学视频中有非常突出的特点，那就是，在视频画面中唯一能看到的是他的手，他的手在不断地写下一些数学符号，慢慢地填满整个屏幕，与此同时，有画外音进行讲解。对此萨尔曼·汗解释说，这样不同于其站在讲台上讲课，通过这样的方式可以给人呈现出一种所有学习者聚集在一张桌子上进行学习的效果，大家一起学习把内容写在一张纸上，让人感觉很舒服。这也是翻转课堂教学视频与传统教学视频的区别。如果在视频画面中有各种各样的家具或老师的头像，在学生进行自主学习的时候，学生的注意力就很容易分散。

（3）重建学习流程

学生的学习过程由两个组成阶段组成，即传递信息是第一阶段，它的实现，需要师生之间、生生之间的交流和互动；内化和吸收是第二阶段，这个阶段是需要学生在课堂教学结束后自己完成。这个阶段，因为没有教师的支持、指导和同学的帮助，学生往往会出现挫败感，从而失去学习动机，打击了学生的成就感。

"翻转课堂"教学模式重新构建了学生的学习过程。传递信息的第一阶段，由学生在课堂教学开始前完成，教师在提供视频的同时，提供在线指导，帮助学生理解知识。此外，内化和吸收的第二阶段，主要通过课堂教学过程中学生的互动来实现，教师要及时地发现学生的问题，及时地给予帮助、指导和解决，学生间的交流和互动也能促进对知识的吸收。

（4）快速方便的复习和测试

教学视频的末尾，学生会看到四五个小问题，这些问题主要目的是帮助学生及时测试自己所学的教学内容的吸收程度，学生也可以根据自己的学习情况做出适当的判断和调整。如果学生对于这些问题的答案不是很理想，那么学生可以回放教学视频，仔细思考错误的原因。与此同时，老师可以通过云平台，及时总结、分析和处理学生答案的实际情况，以此才能更加客观、更加全面、更加细致地了解学生的学习情况。当然，教学视频的另一个明显优势是学生可以对所学知识进行复习和巩固，随着评价技术的不断发展和跟进，学生学习的相关环节都有足够的实证数据来支持，这对于教师真正了解学生学习非常有帮助，以此提高教学效果。

（二）体育翻转课堂的实施策略

1. 建设在线虚拟教学平台

翻转课堂的实施创造前提和基础是构建在线虚拟教学平台。该平台主要包括五个模块：一是教学内容上传模块；二是师生交流与答疑模块；三是学习跟踪与监控模块；四是在线测试与评价模块；五是学习总结与成果展示模块等。以在线虚拟平台为依托，高校体育教师可以上传微视频、PPT 以及音频材料，可以在平台上实现作业的发布工作、在线测试和在线交流工作、监控监督工作以及在线评价工作等。而学生也可以通过该平台下载学习有关资料或进行在线学习，并且通过这个平台来实现与体育教师的及时沟通和交流。

2. 注重评价机制的创新

传统的教学评价方式是纸笔测试，而高校翻转课堂教学模式不应该局限于纸笔测试，在各个方面区别于传统的评价机制，比如：评价内容方面、评价主体方面、评价方法方面以及评价标准方面等，否则，翻转课堂的实施将流于形式，达不到真正目的。在高校体育教学翻转课堂模式下，一是评价的主要目的在于实现评价促学、评价促教；二是主要评价指标应该是学生进步程度；三是应该注重采用多元化的评价。否则，评价就会没有针对性和全面性。评价主体、评价内容、评价方法、评价阶段等方面是多元化评价的主要内容，多元化评价应该紧紧围绕促进学生学习和促进教师教学两个方面来开展，主要目的在于提高教学效果，促进学生学习。

3. 提高体育教师的综合素养

教育教学改革的核心和关键始终是教师，教师关乎改革的成败。翻转课堂作为信息社会的产物，既是一种先进的、科学的教育教学理念，也是一种先进的、科学的教育教学方法，因此，对体育教师的综合素质有了更高的要求。体育教师一方面是在线虚拟教学平台的建设者、设计者和使用者；另一方面也是开发和上传教学视频等学习资源的人；一方面是学生学习的组织者、传授者、引导者，另一方面是学生学习效果的设计者、组织者、评价者；一方面是学生在线学习的监督者，另一方面是教学设计的改进者与完善者。

4.追求体育课堂的实效性

翻转课堂虽然应信息社会的时代背景而出现，是一种新生事物，符合社会的发展趋势和潮流，但尚未形成公认的、科学的、严谨的实施模式。虽然各学科对翻转课堂的研究成果比较丰富，然而，也存在着许多不足，需要进一步探索和完善，主要表现在以下几个方面。

（1）在翻转课堂模式下，虽然体育教师放弃了对学生进行课堂讲解和示范的时间，但并不意味着教师的作用被削弱。恰恰相反，体育教师的作用变得更加关键和重要。一是课前教学视频的录制与采集离不开教师的参与；二是教材的优化与整合离不开教师的付出；三是在线虚拟教学平台的建设与管理离不开教师的维护；四是课堂讲解与示范离不开老师的参与；五是学生活动的设计与组织离不开老师的组织；六是课后学生学习效果的评估与评价离不开教师的操劳；七是教学方案的优化与修订等离不开教师的参与。如果过分弱化体育教师的作用，学生的学习就会失去系统性、效率性、效能性，那么，高校体育教学最终会出现"放羊式"的结果。

（2）避免忽视对学生课前学习的跟踪和监控，造成高估学生的自主性学习情况。对于翻转课堂的教学模式而言，其构建的重要基础就是"掌握学习"。因此，翻转课堂的有效实施不能脱离学生的自主学习。在现实社会中，学生作为一个复杂的存在，在课堂教学开始之前，并非每次都可以在在线学习中对体育内容进行有效的、自觉的学习。因此，教师对学生进行适当的检测和跟踪，是有必要的，这不仅可以监督学生完成技能学习和知识学习，而且可以有效地培养学生的自主学习能力，增强学习效果。

（3）避免忽视学科的差异性，盲目学习其他学科的经验。目前，与翻转课堂教学模式有关的理论研究成果和实践研究成果，基本上是来源于其他学科的研究基础。在体育理论等方面的研究还不够成熟。而研究翻转课堂教学模式在体育教学中的应用，必然会借鉴其他学科的实践经验。然而，学科之间必然存在差异，相对于其他学科而言更适用的理论和经验可能并不适用于体育学科。因此，在体育教学中具体实施翻转课堂教学模式时，应把握体育这门学科的本质特征，有选择地吸收和借鉴其他学科的理论、成果、经验，避免出现机械复制的情况。

（4）体育翻转课堂在实施时，要避免偏离翻转课堂的本质，避免过分追求形式。毫无疑问，实施翻转课堂教学模式的主要目的是在一定程度上提高体育教学的时效性和学习效果。体育教学的存在离不开价值的支撑和丰富，高水平的体育课程教学是为了既合法、正当又有效地开展高校体育教学，如果过分追求形式，并且对体育教学的重视不够，那么在高校体育教学中实施翻转课堂这种教学模式，没有任何实际意义。

在体育教学改革不断深入发展的关键阶段，越来越多的体育教师投身于体育教学改革，我们仍然应该仔细审视翻转课堂教学模式的缺陷和优势，尤其是要尽量避免对翻转课堂性质的背离和对形式的过度追求。

第五章　体育强国战略下高校体育教学评价创新完善

体育教学体系的重要内容之一就是体育教学评价。科学的体育教学评价一方面可以向体育教学工作者提供客观的、全面的、系统的反馈；另一方面帮助体育教师充分认识、了解和把握体育教学实施过程与体育教学效果之间的内在联系。本章主要从高校体育教学评价概述和高校体育教学评价创新与完善两个方面论述体育强国战略下高校体育教学评价创新完善。

第一节　高校体育教学评价概述

一、体育教学评价的概念与分类

（一）体育教学评价的概念

体育教学体系的重要组成部分之一就是体育教学评价，体育教学评价也是体育教学活动的重要组成部分之一，有着重要地位和作用。鉴于体育评价的重要性，国内外许多学者都非常重视研究体育评价的相关问题，因此，对体育评价有许多不同的概念描述。在我国，有代表性的学者对体育教学评价的概念进行了如下探讨。

（1）教学评价是在一定的价值观指导下，通过一定的技术和方法来收集整个教育系统或某一方面的信息，并根据教学目标对学生做出价值判断。

（2）体育教学评价的对象是针对学生的体育教学，然后对体育教学过程和体育教学结果进行价值判断。

（3）体育教学评价的依据是根据教学的目标和体育教学原则，对体育"教"与"学"的整个过程进行价值判断和定量评价。

（4）体育教学评价是在教学活动过程中和教学活动开展后，依据教育教学的目标，对体育教学的工作开展和成效做出具体、科学的评价。

基于上述学术观点，我们认为体育教学评价是一种价值的判断活动。体育教学评价对象包括教师的"教"和学生的"学"两个方面。体育教学评价不仅要关注对过程的评价，也要注重对结果的评价。

（二）体育教学评价的分类

体育教学评价的分类有很多，按照不同的标准有不同的分类方法，具体如表 5-1-1 所示。

表 5-1-1　体育教学评价分类

分类标准	体育教学评价分类	
评价基准	绝对评价	主要是为了判断是否达成了预期的目标，对于水平不给予评价
	相对评价	主要强调成绩的优劣，判断出个体在整个群体中所处的位置和水平
	个体评价	对个体自身做出纵向比较，从个体的过去、现在以及不同的角度进行比较
评价内容	过程评价	对为达到教学目标而采取的方法和手段进行评价
	结果评价	主要评价教学活动的实施效果
评价方法	定性评价	主要是质的分析，进行定性描述
	定量评价	主要是量的分析，进行定量结论的评价
评价功能	诊断性评价	需要在教学活动进行之前开展，对学生的学习情况进行摸底，以此判断学生是否可以实现教学目标
	形成性评价	在教学的过程中，为了达到预期的、更好的效果进行的评价
	总结性评价	在教学结束以后，要从整体教学出发，对教学的内容和教学的效果进行系统评价
评价目的	选拔性评价	进行综合性的、选拔性的评价
	甄别性评价	主要是判断个体在群体中的位置、水平和明确个体的特殊能力
	发展性评价	发现个体的优点和长处，进行鼓励的、有针对性的评价
评价者	教师、学生、校领导、学者、家长等	

二、体育教师教学质量评价

（一）体育教师教学质量评价内容

在体育教学过程中，教学效果与教学任务的完成密切相关。与体育教师相关的体育教学效果评价是体育教师评价的重要组成部分。对体育教师教学质量进行评价，应注意对教师教学中的各种教学要素进行合理的控制，具体如下。

1. 体育教学思想的贯彻落实

体育教育教学思想指导着体育教学实践，起着重要的作用。在组织实施体育教学的过程中，体育教师必须坚持比如"健康第一""以人为本""终身体育"等最新的体育教学理念，并在教学实践中贯彻落实，这是现代体育教学的基本要求，也是体育教师自我体育教学评价的重要内容。

2. 体育教学课程标准的落实

体育教师在对自我教学进行评价时，应该着重对自身的体育教育教学是否与体育标准一致进行评价，具体评价如下。

（1）学习目标是否达成。

（2）体育教学是否符合课程标准要求。

（3）是否全面完成体育教学的任务。

3. 体育教学各要素的搭配与实现

第一，教学内容的选用：

（1）教学内容是否体现思想品德教育。

（2）教学内容是否与体育教学目标相符。

（3）教学内容是否体现最新的教学思想与教学理念。

（4）教学内容是否科学、合理安排、全面落实。

第二，教学方法的选用：

（1）教学方法的选择要与教学目标、教学内容、教学特点相符。

（2）教学方法要符合学生身心特点。

（3）教学方法要有利于学生学习的开展与持续进行。

（4）教学方法要对教师、学生具有启发性。

（5）教学方法的选用要有助于学生知识的掌握与技能的提高。

（6）教学方法要有助于培养学生创新意识与能力。

第三，教学手段的选用：

（1）教学手段的选用要有利于教学活动具体、生动、直观地呈现。

（2）教学手段的选用要有助于教学效果、学习效率等的提高。

第四，教学技能的实施：

（1）使用准确、规范、简洁的讲解。

（2）正确使用专业术语，正确运用口语。

（3）示范动作要正确、优美。

（4）要正确、及时、妥当处理教学意外。

4.体育教学任务的完成情况

在体育教学中，教学效果的好坏与教学任务的完成有着紧密的联系，对于体育教师的体育教学效果评价，要将评价重点放在教师在体育教学过程中是否完成了以下工作。

（1）教师的教学任务是否完成。

（2）教师的教学是否有利于调动学生的学习积极性与主动性。

（3）学生的学习任务是否完成。

（4）教师的教学任务能否培养学生的体育学习与锻炼习惯。

（5）教师的教学任务能否使学生的良好品质与完善性格得到培养和提升。

（二）体育教师教学质量评价类型

1.教师自评

教师自评中评价者和被评价者都是教师自身。体育教师的自我教学评价是一种自我认识、自我完善、自我教育的评价过程。体育教师自我评价的最大优势主要体现在：课堂教学活动的直接组织和实施者是体育教师，因此体育教师对整个教学过程最为了解，能够获得第一手的教学反馈材料，在这些反馈材料的基础上能够更加直接和快速地进行教学评价。在体育教学评价的实际工作中，体育教师要对自身体育课堂教学状况进行多方面的评价，一方面要对每个教学班级的每次教学课进行评价；另一方面要对每个季度和学期的体育教学进行评价。持续的、科学的、全面的教学自我评价有利于教师的自我成长。

2. 教师互评

在教师互评中，被评价者的身份是体育教师，评价者也是老师，彼此是同行关系。体育教师的教学互评主要通过课堂参与听课、课中和课后提交评价结果来实现。教师互评与教师自评的具体内容基本相同，主要的区别在于评价主体不同。教师之间的相互评价可以有效地达到专业性的教学评价，因为一线教师更熟悉体育教学的需求和要求，教师之间的相互评价也有助于同行之间相互学习、相互促进、取长补短。但是，需要特别指出的是，由于评价者和被评价者是同事和同行的关系，因此评价结果必然会夹杂着某些情感成分，正是如此，教学评价很难达到绝对的客观性，带有一定的主观性。

在体育教学互评中，为了尽可能避免评价者带有个人情感的评价描述，也为了实现高效、客观、量化的评价，教师互评通常采用教学评价量表对教师课堂听课进行互评。

3. 学生评价

学生评价中评价者是学生，被评价者是体育教师。学生是双边体育教学活动中非常重要的一方。学生对于体育教师的教学情况等方面拥有很大的发言权和话语权，因此，让学生作为评价者对体育教学进行评价是体育教学评价的一种非常重要的、不可缺少的方式，学生评价具有重要意义。

通过学生对体育教师教学的评价，体育教师可以接收到最直接的、真实的体育教学反馈。它对促进教师改进教学过程和提升教学效果起着非常重要的作用和意义，有助于建立和谐的师生关系，有助于教师对学生学习中存在的各种问题充分了解，从而及时改进教学，提升教学效果。

4. 领导评价

领导评价的评价者是学校的领导，主要包括主要负责与体育教学相关的领导，当然也可以是其他的学校领导。在体育教学质量评价类型中，领导评价属于实质性评价，是一种重要的评价形式，直接关系和影响着体育教师的专业地位、声誉和收入。因此，无论是评价者还是被评价者都应该重视。

根据比较分析，与教师自评和教师互评相比，领导评价存在一定的缺陷。具体表现在：一些领导不是体育专业的教师，因此对于体育教学的要求、标准、需求等不是很了解，这就会导致体育教师在课堂教学中的一些特殊安排可能会被误解或被忽视，因此，领导评价因为缺乏与体育教学评价相关的专业性和特殊性，可能会对教学质量误判。

对于体育教学领导评价，为了实现对体育教学的客观公正评价，通常将领导评价作为参考，将其与多种教学评价主体和评价类型相结合，追求教学评价的客观、公正。

5.学者评价

学者评价中的学者主要是指专门从事体育专业研究的学者和从事教育教学研究的学者。学者评价纳入体育教学评价中，可以更好地让学者从专业的角度对体育教师的体育教育教学活动进行评价，因为评价主体的专业性，因此可以对一个环节和片段的教学质量和教学效果进行针对性的分析和评价。当然学者评价也有不足，学者虽然专业性强，但不是一线教师，对于体育教学的开放性和复杂性的认识和体会并不深，故而，从总体上来说，对体育教育教学做出综合的、全面的判断也有一定的难度。

对体育教师的体育教学质量的评价应基于以上类型，进行综合、全面、系统、科学的评价。

三、学生学习效果评价

（一）学生学习效果评价内容

在体育强国战略的背景下，体育教育教学十分重视学生的全面发展。一方面通过笔试和实操考核学生的体育知识和技能；另一方面还对学生心理能力和社会发展进行评价。通过对学生体育学习过程中的评价，以体育教学的目标为依据，对学生的学习效果进行评价。

1.体育知识

为了更全面地对学生的学习效果进行评价，评价学生达成的多领域学习目标的情况，对于学生的体育知识掌握情况往往通过考试的方法进行评价。具体评价内容如下。

（1）学生对体育与健康的理解和认识。

（2）学生对体育多重价值的理解和认识。

（3）学生对体育知识的掌握和应用。

根据学生对于体育知识的掌握情况，可以通过口试和笔试等方式进行教学评价。口试的方式可以采取课堂提问或特殊答辩的形式，笔试的方式可以是开卷和闭卷两种形式。

2. 体育技能

在我国高校不同体育项目的教学中，《体育教学大纲》对学生应掌握和达到的不同项目的技能标准有不同的要求。体育教师应以教学大纲的具体要求为依据对学生进行评价。具体评价方法如下。

（1）技术评价

根据学生技术、战术动作的完成质量评分。评价前，根据动作结构和协调、配合过程，将要评价的技术、战术分为几个环节，并根据每个环节的完成情况进行评分。可以采用百分制也可以采用十分制，当然也可以采用等级制，并转换为学生的实际分数。

（2）达标测试

根据学生完成技术动作的速度和准确性，按照一定要求制作评分表进行测试。标准测试适用于评价单个技术动作和组合技术，可以单独使用，也可以与技术评价结合使用。

因此，学校可以根据学生技术动作速度以及技术动作准确性来按照要求进行定制评分表。单个技术动作、组合技术的考核可以采用达标测试，对于达标测试而言可以单独采用，也可与技评相结合进行使用。

3. 体能素质

高校大学生的体能素质测评应结合学生的性别与年龄进行多方面的综合考虑，主要的测评应该包括以下方面的内容。

（1）依据《国家学生体质健康标准》等有关锻炼评分标准，来评价学生一般身体素质的发展。

（2）对学生从事某项专项的相关身体素质进行发展的评价。

（3）对学生素质进行全面的、发展的评价。

4. 心理素质

通过对学生心理素质的发展程度和发展的情况，了解学生体育学习的效果以及学习程度。具体评价内容如下。

（1）学生是否能克服自卑和怯懦，对体育学习充满信心。

（2）学生是否有良好的意志和素质，不怕吃苦、锲而不舍。

（3）学生是否具有良好的心理素质和心理调节能力。

5.社会适应能力

（1）学生是否能理解他人和尊重他人，是否具有竞争意识，是否善于合作。

（2）学生是否有责任感的人，如遵守规则、拼尽全力，并能与他人进行有效沟通，很好地交换意见。

（3）学生具有发现能力、分析能力、探索能力以及是否能仔细分析失败的原因的能力。

6.学习态度

（1）学生是否能对体育学习和参与产生浓厚兴趣。

（2）学生能否坚持进行体育锻炼。

（3）学生是否全身心地投入到体育学习和体育锻炼中。

（4）学生是否尊师重道，认真接受老师的指导。

对学生学习态度评价的目的是了解学生通过体育教学的学习是否能促进其养成体育锻炼的意识和体育锻炼的习惯。

（二）学生学习效果评价类型

1.教师评价

教师对学生体育学习效果的评价形式有很多，包括课堂、学期、学年等，而具体评价内容有：一是学生的学习成绩；二是知识掌握情况；三是身体素质和运动能力的提高；四是体育运动技能和技能的发展。

2.学生自评

学生自我评价简称学生自评，具体指学生自身对其学习的综合评价。首先，它有助于提高学生在体育学习中的"反省"能力；其次，有助于学生在体育教学中进行探索性学习。学生体育学习中的自我评价包括各种内容，比如：学习目标、体育意识、参与程度、体育意志、体育精神等。在评价过程中，学校可以制定评价标准，也可以让学生来确定评价标准，例如：目标回顾、行为检查、成绩比较等。结合体育学习的任务和体育学习目标，学生可以从身体素质、技能、体育参与和情感发展等方面评价自己的体育学习效果。

3. 学生互评

学生一方面作为体育教学的主要参与者；另一方面是体育教学环境中的重要成员。因此，学生的体育学习必然离不开其他同学的支持和帮助。故而，学生互评对学生体育学习评价也具有一定的参考价值。

具体来说，学生的体育学习需要个人的努力和其他学生的合作，如集体性的项目中运动技能的学习以及项目战术的实施等。众所周知，学生之间的关系不同于师生之间的关系。学生和学生有更多的接触时间，彼此了解更加深入。因此，教师为进一步改进体育教学，可以采用学生互评，学生互评可以为教师提供更多角度和更多层次的信息参考。

在体育学习评价中，学生对体育理论和技能的理解有限，对学习目标的理解不足可能导致学生互评的片面、简单和多情感描述。因此，在学生互评中，教师应给予学生科学的指导和引导，引导学生进行更客观、深入、全面的体育学习评价。

4. 家长评价

监护人对学生体育学习的评价就是学生学习价值评价。促进学生的发展是学校体育教学的目的，家长是与孩子健康发展最相关的人，家长能发现学生的成长和学习变化。因此，在体育教学评价中，家长对学生体育学习的评价成为一项非常重要的内容，一方面可以为学校体育教学提供建议和意见，学校可以收集到来自家长的学生详细的体育学习信息；另一方面有利于促进体育教学评价体系的科学化、系统化、完善化。

第二节　高校体育教学评价创新与完善

一、体育教学评价的发展趋势

（一）科学化发展

体育教学评价的重要参考价值在于，它能科学地反映体育教学的质量和效果，并能向教师和学生提供良好的教学反馈，进一步改进教学。

在构建体育教学评价体系方面，评价方法、评价内容、评价标准、评价主体的选择和确定应有一定的科学依据。体育教学评价应遵循体育教学的客观规律，并且要实现对不同教学对象和教学效果的科学、客观评价。例如，每个年级有着不同的教学任务，教师应该做出整体的教学评价，也应该对每个学生做出有针对性的评价；各年级的评价体系也是不一样的，老师要做好阶段性评价。无论是什么样的评价对象，如何实施评价，都应注重科学性和客观性，只有这样才能提高教学质量和教学效果。

（二）创新性发展

随着体育教学评价在现代体育教学改革中越来越重要，对体育教学评价的相关研究越来越多，新的体育教学评价方法和评价标准不断提出。这些新的体育教学评价方法和标准的实施，有助于进一步完善体育教学评价体系，反映体育教学的过程和效果，有利于促进整个体育教学的发展。创新是体育教学评价的重要发展趋势。

（三）可操作性

为了科学实施任何一种体育教学评价，实现评价的效果，我们应该注意体育教学评价的可操作性，否则，无论教学评价的方法、内容、标准多么科学、合理，都只能成为一种幻想，教学评价不能实施就没有任何评价的意义。

体育教学评价的可操作性是实施体育教学评价的重要前提和基础，也是体育教学评价未来发展不可改变的基本要求。

二、体育教学评价创新的意义

体育教学评价的改革创新有着非常重要的意义，具体包含以下几个方面的内容。

（一）改变单一评价模式

改变了用单一运动标准评价学生的模式。绝大多数体育教师可能会遇到这种情况，即在体育教学过程中，课堂或体育活动都是综合性的，一些学生没有表现出积极行为，但根据体育考试中的体育锻炼标准，因为其具备良好的先天身体素质，可以获得优异的成绩。这样一来，这些即使不够努力也能取得好成绩的现象对于积极参与但身体素质较差的学生而言是一个严重的打击。因此，不应用单一锻炼标准模式的概念对学生进行评价。

体育课的成绩不应只是表现在一个方面，以锻炼标准作为唯一的评价方式是不够全面且不够客观的。因此，应该以体育课程评价改革的精神为依据，充分利用新颁布的学生体质健康标准。它不仅可以作为学生体能测试的标准，也可以作为学生进步的参考。以学生刚入学时为例，组织学生进行一次基线测试，在学生个人档案中记录测试的结果，并且确保每学年进行一次测试，比较测试结果，以此来反映学生的体质改善情况，这也将作为评价学生进步的内容。

（二）促进多方位评价

改变以往的、传统的教师为唯一评价执行者的评价体系，对学生进行全面的、多方位的评价。在传统的体育教学过程中，教师在教学评价中起到主导作用，学生的地位一直处于被动状态，甚至没有存在感。体育教师作为体育教学活动的主导者，需要了解学生的身体素质基础、运动能力状况，并根据学生的学习情况和锻炼成绩进行多种的、有针对性的评价活动，充分调动学生的积极性，尽快推进体育教学目标的完成。随着"水平目标"的逐步确立，体育教师的体育教学任务在各个阶段都会发生变化。因此，也要保证体育教学方式和体育教学方法的应用，体育教学内容的选择也应该朝着多元化发展。在新时期体育教学过程中，可以从运动参与、运动技能、心理健康、身体素质、社会适应五个方面来考虑评价内容的设计。

（三）提高学生学习积极性

采用过程评价与结果评价相结合的方法，提高学生的学习积极性。在传统的体育教学评价中，主要是对学生的学习成绩也就是学习结果进行评价，注重学生在各项体育运动中的最终成绩，但是不注重对学生整个学习过程的评价。因此，导致评价的有效反馈功能逐渐丧失，评价不能鼓励学生学习、不能提高体育教学效果、不能改进体育教学。

所谓过程性评价，就是利用各种评价工具和方法，对体育教学的各个方面进行定期的、经常性的评价，同时及时反馈给学生评价结果，鼓励学生尽快发现问题。当下，不仅要调整体育教学评价的内容，而且要在平时的评价中直接评价学生的实践学习过程。

过程性评价方法的存在，一方面可以保证大多数学生认真、积极地对待整个体育学习过程；另一方面可以有效控制部分学生的身体素质状况和消极的学习。除此之外，还可以有效地激励那些非常努力但先天性身体素质较差的学生。

（四）有利于开发教学环境资源

根据新课程倡导的质性评价方法，积极开发体育课独特的教学环境资源。与其他学科相比，体育课存在着很大的薄弱环节，这是由多种因素造成的。但对于本次课程改革，体育相对于其他学科来说，在课程资源上具有独特的优势。此次的课程改革几乎涵盖所有学科，课程改革要求他们提高学生的协作技能、人际交往能力以及社会适应能力。对于其他科目而言，由于受限于具体教学范围，安排的内容只能局限于自己的班级范围，正是这种局限性限制了这些学生能力的提高。

相关心理学研究得出的结论是，如果一个人长时间待在一个环境中，那么环境会将刺激降低到最低状态，这就是我们通常所说的适应。这也是即使老师大声地、尽力地讲课，但是，只要外面有声音，即使很小，也会吸引学生的注意力，使他们转向向外看的主要原因。因此，对于体育课来说，教学载体和教学环境也要寻求多样化，甚至可以与其他年级的体育教师合作，以此促进学生的相互合作能力、人际交往能力以及社会适应能力的提高。通过参加其他体育活动，让学生走出自我，学会向他人学习和获取健身知识；通过学会运用"体育运动"这一载体，提高自己的人际交往能力和社会适应能力。

所有评价内容的确立、评价方法的应用，都会根据实际的情况有一定的变化，会随着学习阶段和水平目标的提高、变化而发生变化。此外，体育教师的教学习惯也可以使其发生改变，在不同的班级、针对不同的学习群体，教师可以采取不同的评价方法和评价内容。我们之所以选择体育教学内容，应用评价方法，主要目的是通过体育教学提高学生的体育兴趣，使学生可以自觉地、自主地参与体育锻炼，形成体育锻炼的习惯和毅力，形成顽强、勇敢的意志和品质，达到学生的身体、心理和社会适应能力等全面的、健康的、和谐的发展，最终提高学生的整体健康水平。

三、体育教学评价体系的创新、完善策略

（一）转变教学评价观念

体育教学过程是一个动态发展的过程，因此，体育教学评价也是必然要不断适应新时代和社会发展的要求，不断更新和创新体育评价工作理念，这具有重要的现实意义。

（二）创新教学评价方法

体育教学评价是开放的，体育教学过程是一个非常复杂的过程。科学的教学评价需要多样化的评价指标和多种教学方法的综合评价，才能做出全面的、客观的、正确的评价。

（三）科学制定评价指标

在体育教学评价中，科学制定评价指标具有非常关键的作用，科学的评价指标可以保证体育教学评价朝着科学的方向发展，若无法实现对评价对象的科学的、客观的、全面的评价，也就不能真实反映评价对象的教与学情况。科学制定教学评价指标，具体要求如下。

（1）制定教学评价指标要根据评价内容的内部逻辑结构，进行仔细分析，并对教学评价指标进行分步分解和层次分解。

（2）根据个人或集体经验，科学、正确地衡量评价指标的重要性，以此选择最佳的评价指标。

（3）在教学评价实践过程中，观察体育教学评价标准是否科学合理。如有错误，应及时调整评价指标。

（四）丰富教学评价主体

要科学地进行体育教学评价必然需要对体育教学进行综合的、全面的评价，这就要求对某一教学个体和群体进行评价时，要尽可能多地选择教学评价的主体，这样做的目的是更全面地了解教学评价对象在体育教学方面的各种信息。

具体而言，在体育教学评价中，所有与体育教学相关的身份主体，如教师、学校领导、学生、专家学者、家长等，都应被视为体育教学的评价主体。

（五）丰富教学评价内容

高校体育教师不仅要及时更新教学理念，与时俱进，而且要重视体育教学评价，应该不断丰富体育教学评价的内容，以此来有效开展体育教学评价工作。

对于学生的体育评价，高校体育教师一方面要注重培养学生的基本体育知识。另一方面要培养学生的体育项目技能，并通过体育锻炼这样的方式，来帮助学生树立科学的体育意识、健康的体育价值观，进一步改善学生的人格与个性，不断培养学生良好的、健康的体育习惯，帮助学生制定符合自身条件的体育健身计划，以此推动学生继续参与体育健身活动和体育学习，不断实现体育教学目标，最终升华体育教学价值。

（六）创新教学评价模式

1. 对于评价中学生的地位给予重视，实现自评与他评相结合

体育教学评价是体育教学的重要组成部分之一。因此，在这个过程中，学生不仅仅是学习的主体，也是体育教学评价的主体。在体育教学过程中，教师起着重要的主导作用。因此，体育教师的作用应在评价学生成绩时得到充分体现，当然也要重视学生的自我评价。学生的自我评价可以使学生的自我认识能力和自我健身能力得到提高和加强。学生的互评可以使学生通过角色转换获得自我学习的满足感和自信心。可以提高他们比较、判断、辨别是非的能力和水平。

2. 对于学生心理健康发展及体育学习态度、情感的评价给予重视

促进学生身心健康的全面发展是体育教学的最终目的。在评价学生体育学习

的过程中，在考虑获得运动技能和提高身体素质的同时，需要将学生心理的健康发展作为评价和考核指标。

3. 对于学生终身体育意识形成的评价给予重视

体育教学中体育参与的主要目的是培养学生良好的体育锻炼习惯，一是可以培养学生终身体育锻炼的能力；二是可以提高学生自觉参与健身活动的主动性；三是积极参与体育活动，可以培养学生良好的健身行为和健康的生活方式。这些都是体育教学的重要目标。

体育教学的基本任务之一就是培养终身体育的能力。因此，我们需要改变传统的体育评价体系。在体育评价过程中，要加入以下方面的考察：调查学生终身体育意识的形成和发展，以确保体育评价能够影响学生未来进行体育锻炼的意愿。

（七）建立教学评价档案

教学评价可以对老师后续的教学起到重要的作用，比如：指导作用、借鉴作用以及启发作用。为了更好地总结体育教学的经验教训，我们应该做好评价的归档工作。对此，教师可以为每位学生建立学生评价档案，而学校也可以根据教师评价工作为每位教师建立教师评价档案。

（八）健全评价反馈和保障机制

为了促进体育评价朝着科学的方向发展，一方面需要构建完善的、科学的体育评价体系；一方面有必要建立和完善教学评价的反馈和保障机制；另一方面要不断完善科学的、规范的体育评价。

首先，学校领导和学校的相关部门要深入教学评价的实践，在实践的基础上总结经验，广泛收集老师和学生意见和建议，对评价信息进行及时收集和整理。

其次，以体育教学评价反馈机制为基础，建立完善的评价监督机制，监督机制可以引导和规范体育教学评价包括评价者、评价管理者等在内的各个参与者的各项工作是否合理、正常，并且对教学评价的各个环节进行有效的监督和控制，避免利益牵扯、人为干扰等因素的出现，促进呈现更加客观的、真实的、有效的体育教学评价。

第六章 体育强国战略下高校体育教学与运动实践

高校体育作为体育强国的基石，契合体育强国建设的发展原则，要积极推进体育教学与运动实践。本章主要论述体育强国战略下高校体育教学与运动实践，分别从高校体育教学——大球类运动、高校体育教学——小球类运动、高校体育教学——户外类运动以及高校体育教学——其他类运动四个方面展开研究。

第一节 高校体育教学——大球类运动

三大球（Big Three）是源于苏联的说法，指足球、篮球和排球三种集体球类运动。据传是以运动所用球的大小而划定的说法。其中足球起源于中国，篮球和排球起源于美国。

一、高校篮球运动

（一）高校开设篮球运动教学的意义

1.高校篮球运动是建设和谐校园的重要组成部分

篮球运动于 20 世纪 80 年代中期正式进入大学课堂，成为体育课程之一，受到广大学生的喜爱。其中，"培养学生锻炼兴趣，促进学生身体健康"是高校大力开展篮球课程的主要目的。提高锻炼者的身体素质，使锻炼者的体型更加健康、美丽。篮球运动是力量素质和速度素质二者的完美结合。首先它丰富了大学生必修课的内容；其次具有趣味性，因为其激烈的对抗性与观众产生强烈互动；再者还丰富了大学生的课外生活，篮球运动需要的人数众多并且运动强度适中，在课外活动的各项选择中，这项运动非常符合大学生锻炼身体素质的要求。

总之，篮球运动在高校如火如荼地开展，已成为高校的主要体育课程之一，国内高校纷纷开设篮球课程作为大学生的体育课程之一。中国的体育体制与体育教育指导是相辅相成的关系，教育改革也在如火如荼地进行。令人惊喜的是篮球运动在高校以惊人的速度发展，比如，现在的大学生对 CUBA 联赛和校园篮球都很了解。在当今的大学校园里，一方面篮球作为体育运动出现在学生的生活中；另一方面篮球运动已经成为校园文化的重要组成部分。

2. 高校篮球运动的开展有利于大学生身心健康发展

篮球运动首先可以提高大学生的身体素质，锻炼身体，使各个部位的骨骼肌肉得到舒展和锻炼，并且篮球运动还能提高心肺功能、提高学生的身体机能，进一步增强学生身体的免疫力。其次，对于经常参加篮球运动的学生而言，还能增强自身对不断变化的社会环境的适应能力，这将为他们今后的工作和学习奠定坚实的心理和生理基础。当然，篮球运动也可以释放学生的内心压力，对于各种心理问题有着调节和舒缓作用，因此，可以提高学生心理健康水平，提高处理人际关系的能力。然后，由于篮球运动具有很强的娱乐性，学生在从事这项运动的时候是轻松且愉悦的，这可以发泄学生的不良情绪，从而避免了各种暴力冲突的发生，并且充分发挥学生的主观能动性。最后，在篮球运动中，参赛学生可以学习到各种战术配合，通过自身出色的表现获得学生的尊重、认可、信任，加强学生之间的沟通与合作，提高学生的合作能力和沟通能力。

现代社会的重要组成部分之一就是社会主义物质文明和精神文明，在高校，精神文明主要体现在校园文化中。一所学校与其他学校的区别主要体现在精神面貌上，学生的文明素质和道德素质可以在精神面貌上得到全面反映。学校的综合实力水平不仅体现在学术水平上，还体现在校园文化建设上，高校能够满足社会对具有创新能力和实践能力的高素质人才的需求。校园文化包括校园内除物质外的一切非物质形式，其中主体是在校师生，因此，课外体育活动是其重要内容之一，其基本形式是文化课程，校园文化涉及广泛的传播领域和学生的生活方式。校园文化符合时代特征，是一种群体文化。大学生有 80% 的时间在校园里，因此，校园已成为学生生活、学习的主要场所。学校或院（系）组织的各种体育竞赛是校园文化的重要组成部分。这些体育竞赛一方面使学生的课外生活得到丰富；另一方面使学生的团结协作能力得到了锻炼，为构建和谐美好的校园文化做出了积极贡献。

3.高校篮球运动能够有效地推动中国篮球运动事业的开展

在中国，除了篮球职业联赛（CBA），还有两个大型的篮球赛事：全国大学生篮球联赛（CUBA）和全国大学生篮球超级联赛（CUBS）。这两个大型赛事都是专门为大学生准备的。随着新闻媒体的大力宣传和报道，篮球运动走上了街头，进入群众生活，篮球的魅力被热爱篮球的大学生们以青春的活力淋漓尽致地展现了出来。这体现出高校校园篮球运动与高校校园文化的紧密结合和互补，广大学生和篮球迷在篮球的乐趣中享受着自己的青春，使高校校园体育文化得到丰富。全国大学生篮球联赛和全国大学生篮球超级联赛这两项赛事的成功举办，在我国高校掀起了一股巨大的篮球热。借此机会，大学生不仅对体育和篮球有了新的认识，而且全面认识了体育锻炼和心理健康发展的意义。

此外，CUBA 和 CUBS 的成功举办离不开高校独特的自然优势。高校不仅注重人才培养，而且突出教书育人的宗旨，不断促进了传统体育文化的升华和发展。"领悟体育，领悟篮球，领悟文化""让篮球插上知识的翅膀腾飞"，高校篮球运动逐渐从过去的课外体育健身活动转变为现在的体育文化，这体现在 CUBA 和 CUBS 的成功举办上，更体现了国内大学生篮球在 21 世纪广阔的发展前景。

（二）我国高校篮球教学改革的现状及问题

随着素质教育理念的不断深入和推进，学校和相关的教育部门积极配合和响应，使得教学改革尤其是篮球体育的教学改革取得了很好的成绩，这不仅表现在丰富的教学内容上，而且还表现在教学手段的多样化、评价方式的灵活性上。尽管如此，在教学改革中依旧存在一些问题，具体如下。

1.教育指导思想贯彻不力

目前，我国普通高校体育教育的目的一是增强学生体质；二是增进学生健康；三是培养学生"终身体育"意识；四是培养学生成为身心全面发展的综合型人才。然而，"健康第一""以人为本""终身体育"等教学思想在篮球教学中还不够深入，在教学中没有明显体现出这些先进的教学思想。这导致很多的大学生在篮球课结束后仍然无法对篮球形成系统的、全面的认识和理解，对篮球的认识还很肤浅。

2.教学模式单一

当前高校篮球教学中最突出的矛盾就是篮球教学模式的程序性和单调性。在篮球教学过程中，教师一般根据球性、传球、运球、投篮等练习、游戏和比赛，分别讲解和演示各个环节，然后让学生进行分组练习。内容基本上是一致的，整个教学过程是单调的、乏味的，基本教学汇总没有变化或创新，因此无法充分调动学生的积极性和主动性。由于篮球意识的缺乏，学生在篮球练习中缺乏主动性和灵活性，这不利于培养学生的独立思考能力和创新能力，使得篮球的教学效果比较差，不能达到预期的效果。

3. 重实践，轻理论

高校篮球教学中常常忽视必要的理论课教学，教师在课堂上总是对篮球的相关理论知识或忽视或一笔带过，教学直接从开展运动技能训练开始，这使得学生无法了解和认识篮球运动的起源、发展、篮球运动的场地大小、篮球运动的裁判规则以及其中蕴含的历史文化知识和精神内涵。篮球课程内容的分配不合理，安排也不合理，学生不能对篮球进行全面了解，也就不能很好地激发学生对篮球运动的兴趣。

4. 教师专业素养不足

篮球教学的教学过程是理论与实践并重，学生们在学习篮球运动的时候基本上是依靠老师的教学和指导来学习篮球。就目前情况来看，我国高校篮球队的教练员大多担任体育教师，他们大多毕业于专业的体育院校，因此这些老师具有扎实的基础理论知识，但由于参加比赛较少，导致篮球比赛的经验不足。也有部分高校将少数篮球运动员引入高校，从事篮球教学，这些老师有着丰富的打篮球经验，篮球技能基本功很扎实，但由于教师专业素养的缺乏，导致教学的效果不是很好。

（三）当前高校篮球体育教学改革的对策

素质教育改革不是一朝一夕就可以完成的，在通往成功的道路上还有许多困难和挑战。在我国篮球教学改革与发展的过程中，会出现各种问题，并且需要对这些问题进行调整和解决，以此促进篮球教学获得长足的发展。针对以上出现的问题，总结了几点对策以供参考。

1. 建立"以我为主，自我发展"的教学理念

改变传统的教学观念，树立先进的、"以学生为本"的教学理念。要在篮球

运动的教学中充分重视学生的个性化发展，同时也要培养学生的全面发展，提高学生终身学习的意识。篮球运动是一项集体运动的项目，对集体意识和团队合作非常重视和强调，但不能因此忽视学生个体思维的发展。当今社会的发展需要全面发展的、综合性的、高素质人才，因此在篮球教学中，不仅要教会学生篮球技能，而且在长期的教学过程中要潜移默化地影响学生，促进学生形成正确的、健康的自我发展观，不断提高学生"终身体育""以我为主，自我发展"的意识。

2. 丰富教学内容，创新教学方法

俗话说，兴趣是最好的老师，因此高校的篮球教学可以增加一些篮球比赛、篮球比赛欣赏等活动，不仅可以丰富学生的篮球课程内容，提高学生的兴趣，而且可以促进学生不断地投身于篮球运动，推动篮球运动的发展。时代在发展，社会在不断地进步，篮球运动的内容也会随着时代的发展而不断地发展和变化，对此，体育教师要对教材进行细致的分析和判断，不断整合、收集和处理篮球信息，在篮球课上使学生获得更丰富的、前沿的篮球知识和信息。在篮球教学活动中，老师可以对学生采取启发和诱导、提出问题、设置情景的方法，充分发挥学生的主观能动性，让学生主动思考，提高学生的积极性和热情，提高学生的独立思考能力，从而有效地提高教学质量和教学水平。通过教学互动，不仅可以营造良好的教学氛围、增强教学效果，而且可以使老师加强对学生的指导，根据学生的特点因材施教。在篮球教学中，组织形式可以采用多个小组的形式，通过每个小组间的比赛来展示小组和成员的学习效果，因为篮球是一项集体对抗性运动，比赛活动可以增强学生的参与感，也加强对篮球规则的了解。

3. 运动技能与理论知识并重

篮球基本知识和篮球理论的积累对学生今后学习篮球具有非常重要的作用。教师应摒弃"重技术，轻理论"的传统观点，让学生充分了解篮球，学习篮球知识，了解篮球的历史和相关的文化，了解篮球的多样性和趣味性。学习篮球理论知识就像为一座高楼打基础、打根基，高楼不是凭空出现的，只有把基础打好，才能把大楼建得又高、又好、又快。篮球理论知识与技能训练两者是相辅相成的。篮球教学的核心内容包括篮球的基本理论知识、篮球的基本技能、篮球的基本技战术。教师应当了解篮球运动的重点和难点，以便合理分配课时，提高教学的效率。

4.加强篮球教师队伍的专业化

一是要注重篮球教师队伍的专业化建设，篮球教师要不断学习，不断更新理论知识和思想观念，不断提高自身的专业技能，同时要提高科研能力，积极努力地进行科学探索。二是作为一名老师，首先做到恪守教师的素质，为学生树立良好的榜样，同时要将理论与实践相结合，顺应时代的发展潮流，促进教学改革，将新课程改革的理念应用于实践。三是学校应积极组织体育教师外出学习培训，促进教师自身专业水平的提高，及时掌握篮球运动相关的前沿动态，以便更好地了解自己的专业。四是要提高我国教师资格标准的专业性，对教师资格制度进行严格的制定，促进教师专业化发展，规范教师专业素质的要求。

5.完善体育教师教学评价机制

体育强国和健康中国战略的提出和实施，对体育教师的现代教育理念有着更高的要求。同时，各级学校通过完善体育教师培训体系，不断促进体育教师现代教育观念的发展和创新。在此背景下，学校要在培训与考核上做到统一，通过考核尽可能发现教师培训体系的问题和不足，发现教师现代教育理念中存在的问题，进而根据这些问题，有针对性地对体育教师培训策略进行调整，帮助体育教师培养现代教育理念，提高培养成效。

在体育强国战略背景下，体育教师的专业能力必须得到提高，必须使教师具备现代教育理念，因此，不仅要加强对体育教师的思想道德教育，而且需要加强对体育教师的心理素质教育，引导教师树立正确的教育理念，帮助体育教师对现代教育理念有正确的认识和理解。并且要促进体育教师的知识结构和素质结构的改善和优化，提高体育教师现代化、科学化的教学能力，完善相关的评价机制，构建教师成长共同体，提高体育教师的现代教学质量。

二、高校足球运动

（一）高校足球运动开展中存在的问题

1.学生意识问题

高校是年轻人的聚集地，因此也应该是一个具有浓厚体育氛围的地方。但由于学业压力、就业压力等因素的影响，导致高校的体育氛围被减弱，不能出现预期的效果。尽管大学足球的氛围相对来说比较浓厚，但由于各种因素的影响，学生参与大学足球运动的意识比较弱。从学生意识的角度来看，具体原因如下：

（1）足球技术要求高，开展起来比较困难，学生不愿参与。

足球是一项高节奏的运动也是高对抗性的运动。不仅有着很高的门槛，比如在技术技能、体力、力量等方面，而且对参赛者所选设备的要求也很高。因此，大多数有足球运动意向的学生，在足球运动开始的时候，就会被高标准的体育条件所束缚，无法感受到足球运动中的乐趣，无法激发他们的运动热情，这就会导致大多数大学生虽然对足球有浓厚的兴趣，但出于现实的无奈，只能选择观看。

（2）足球设施、场地和人员数量的要求比较高，学生不愿参与。

我们在日常生活中经常看到，在业余时间，两个学生在阳光明媚的天气里打着羽毛球。上述这样的情况在足球运动中几乎不可能发生，这是因为足球对参赛人数有着要求，对运动场地条件有着要求，这些要求远远高于其他体育项目，这会使大学生很难找到合适的场地和足够的参与者来开展足球运动。因此，大部分学生更愿意选择乒乓球、羽毛球等这些易于开展、简单易行的运动作为体育兴趣爱好。

（3）足球运动的危险程度极高，学生不愿意参与。

《运动生理学》一书中明确指出了运动损伤发生率最高的运动项目就是足球。按照外伤的创伤程度，最轻的是擦伤，重的有骨折、脱位，甚至内脏破裂。在足球运动的损伤中，除了常见的擦伤和挫伤外，脚踝扭伤也成为最常见的足球运动损伤。其次是大腿前后肌肉的拉伤、挫伤，之后是膝盖受伤。其中，半月板撕裂、髌骨骨折、膝十字韧带撕断、髌骨软骨病较为少见，但一旦出现和发生，其治疗难度较大。在一些国家，许多职业足球运动员已经切除了半月板或髌骨。守门员经常因扑球而摔倒，因此容易发生手腕和肘部创伤。由此可见，足球是一项具有高危险性的运动项目。而大学生有的是因为亲身经历过伤害，有的是因为目睹了周围同学的伤害，从而对足球造成的伤害产生了心理阴影，因此害怕参加足球运动，甚至永久告别足球运动。

2. 领导决策问题

从多年来我国高校体育的发展历程角度来说，领导者的决策权和倾向性具有关键作用。而足球作为世界第一体育运动，其热情在中国高校尚未被点燃，这和领导层的发展倾向有着一定的关系。原因可归纳为以下两点：

（1）足球运动是一项高投入、低回报、影响力小的运动项目

足球运动在世界上有着深远的影响力，任何其他运动都无法比拟。尽管我国的足球环境在逐步改善，但这种世界级的影响力仍然无法促进我国高校足球的升温，引起足球热潮。并且，很多领导愿意对高校篮球、田径、羽毛球、乒乓球、网球等加大发展的力度，这些运动项目观赏价值高、易于开发，并且投资少、影响力较广，学生参与热情高。反观之，高校足球是一项需要长期建设的体育运动，需要大量的人力、物力和财力的支持和保障，才能获得较好的发展。因此，由于其投资高、回报低、影响力小，许多高校的领导者并不愿意去发展足球运动。

（2）足球运动存在安全隐患，领导不敢承担责任

足球高节奏、高对抗性的特点，决定了其更具危险性。在足球场上，球员之间的身体接触会产生危险的技术动作，经常会导致球场打斗和暴力。足球运动作为一项团队运动，球场上的暴力行为甚至会扩展到高校的各个专业和班级，事态严重的甚至会升级为校园暴乱。此外，在一些高校足球比赛中，发生过严重的运动损伤甚至猝死事件。为了避免上述情况的发生，为了避免相关责任，一些领导甚至会直接禁止大学足球比赛和足球的相关活动，这些行为和举动无疑会直接阻碍高校足球运动的发展。

因此，高校领导的决策倾向成为我国部分高校足球运动开展和发展过程中的一个重大问题。

3. 平台宽度问题

我们所说的平台宽度主要包含两层含义：一是高校足球的相互交流平台；二是指高校足球的发展平台。

（1）足球交流平台的宽度

高校足球的发展离不开足球比赛。从大的角度来看，在我国高校层面的足球比赛中，除了一年一度的"全国大学生足球联赛"以外几乎没有其他相关的足球比赛可以为高校足球提供一个展示足球价值的平台。然而，就拿"全国大学生足球联赛"来说，其准入门槛相对较高，这使得大多数的高校无法在这个平台进行交流与合作，只有少数高校可以。然而，从高校足球运动的普及性角度来说，单凭这一点并不能起到决定性的作用。从小的角度来看，在我国高校足球领域，由

体育相关的职能部门或教育职能部门举办的区域性的、地区性的高校足球比赛非常少，这使愿意发展足球的高校放弃足球运动。高校发展足球运动的初衷是为了调动学生的体育积极性，增强学生的系统性，以足球为媒体扩大学校的影响力。但是，高校足球运动如果缺乏平台，无论是在国家范围内还是区域范围内，都会导致高校足球运动的发展缺乏动力和积极性，这也就使学生没有参与的积极性，缺乏对高校足球运动的参与度，这样下去必然会导致足球运动的滞后发展。因此，交流平台的宽度直接决定了高校足球发展的深度和广度。

（2）发展平台的宽度

在国内，很多的家长不希望孩子从小练习足球，主要原因是国内足球的整体环境很差，家长从中看不到希望，对孩子以后的发展无益。正是受这种环境的制约和影响，中国足球的发展平台受限越来越多，也越来越狭窄，除了职业球员这个选择之外，别无选择。这种现象也扩展到了大学足球运动中。进入大学后，许多学生在选择运动技能时会果断放弃足球。因为，足球不同于其他体育运动，无论从发展角度来说还是实用价值角度来说都不如其他体育运动。甚至在找工作时，用人单位也会直接设置筛选有乒乓球、羽毛球、网球等运动技能的人员作为首选。这种狭窄的发展平台使大学生认识到，社会保障机制对于足球运动来说并不完善，最终很可能空手而归。因此，狭窄的发展平台也限制了高校足球运动的发展。

总而言之，平台的宽度决定了我国高校足球运动发展的高度，成为制约我国部分高校足球运动发展的原因之一。

（二）高校足球运动的发展对策

1.改善高校足球发展现状的对策

（1）完善竞争和培训体系

一是积极参加国家和地区高校竞赛。从前文我们得知，我国高校足球比赛机制并不完善，每年高校之间只有固定的几个赛事比赛，国家和地区足球比赛很少，这就要求高校抓住难得的机会，参加这些高含金量的足球比赛。通过参加大型比赛，不断增强高校球队的竞争能力，使球队能够逐步建立比较完善的比赛体系。

二是积极参加各类城际之间的业余足球比赛。我国高校足球比赛匮乏，因此，在高校足球比赛体制改革的过程中，高校可以与社会足球资源相结合，积极参与社会足球比赛来发展高校足球运动。通过社会比赛的参与，一方面可以丰富比赛经验，增强球队整体的战斗力，增强实践能力；另一方面可以通过社会足球网络中的实践，取长补短，以此确保高校球队的比赛体系更加稳定和系统，促进足球运动在高校的发展。

第三，高校可以积极组织校内足球比赛。高校校园足球比赛是高校足球比赛体系中最强大的力量。因此，高校可以通过相关的职能部门和学生团体组织，有系统地、有组织地举办大量校内足球比赛，以确保高校足球发展过程中整个比赛体系的完整性。

第四，建立高校足球队训练模式。大学足球队一般有 25 到 30 名球员。目前，大多数高校都有 1~2 名教练负责球队的日常训练，这样的人员配备远远不能满足大学足球队的发展。因此，高校足球队在训练环节可以采用团队训练模式，针对不同的人员，比如主力、替补，和不同的训练科目，配备不同的、有针对性的训练人员，这一措施可以使足球训练更加科学、高效。

第五，高校各职能部门相互联合，建立高校足球训练体系。由于高校足球运动员身兼运动员和学生的双重身份，学习与训练的矛盾必然会出现在足球训练中。因此，建议负责高校足球发展的决策层与高校职能部门要根据学生的实际情况和本校的实际教学情况建立足球训练体系。首先，系统应该规定在训练和比赛期间学生的课堂和考试问题。其次，应针对队员在训练和比赛中的成绩和问题建立明确的奖惩制度。

（2）扩大足球经费来源

全国校园足球高中、大学联赛的资金和方案已经到位，这些经费是由教育部牵头，投资约 1000 万元。尽管如此，高校也应该清醒地认识到，教育部的教育经费对于高校发展高校足球来说实在是杯水车薪，高校必须通过其他渠道扩大资金来源保证足球经费的充足。

首先，高校可以对外开放自己的体育场馆和体育设施，通过发展体育产业，增加资金收入，将这笔资金运用到高校足球的发展上。

其次，要整合和利用社会资源，与社会上的企业和单位进行合作，通过赞助等形式，为高校足球的发展吸收更多的资金。

（3）科学规划，合理使用足球场地设施

首先，大多数大学的足球场地和设施都相对陈旧。这与施工初期对足球场和设施的不合理使用和不合理规划有关。因此，高校在场地和设施建设前需要进行合理规划，并根据本校的足球实际比赛情况和培训需求进行建设。

其次，在建成以后的使用过程中，相关责任部门应配备专门的足球场管理人员，颁布场馆使用规章制度，最大限度保障足球场设施的合理利用，确保高校足球的良性发展。

2. 打造高校足球人才的对策

（1）吸引高水平足球运动员

首先，高校应该招聘优秀的足球教师和足球教练。高校足球普及和发展的重要保障就是优秀的足球教师，高校高水平足球建设的基础是高水平的教练员。因此，高校应该降低人才门槛，面向全社会进行招聘，对于足球领域专业技能强、有着扎实理论知识的人才及时引进。只有广纳足球人才，才能让更多足球领域的人才参与到高校足球教学和训练中，高校不能仅仅将人才的范围局限在优秀的大学毕业生、专家和教授。

其次，招募高水平足球运动员。高校在招收特殊足球人才的同时，也应适当招收高水平的足球运动员。高校通过招募这些高水平运动员，一方面可以提高整个高校的足球水平；另一方面也可以提升高校的足球氛围，吸引更多的学生参与高校足球运动，促进足球运动的发展。高校招收的高水平运动员可以是体校、运动队、体工队、足球学校和俱乐部梯队的运动员。

（2）广泛引入足球科研人才

高校足球运动体系的建立离不开科研人才。据统计，自 2005 年以来，《体育科学》、《中国运动医学杂志》和《北京体育大学学报》等 15 种中文体育期刊上发表足球研究论文达 402 篇。从这个数据我们可以看到，随着高校足球运动的发展，高校对足球科研的价值越来越重视。因此，在高校足球发展的过程中，也应该充分重视对足球科研人员的引入。高校可以根据本校实际情况和当下的人才引入政策，制定相关优惠政策法规，通过优越的政策条件吸引足球科研人员加入到高校足球运动发展中。

（3）高校足球资源整合对策

通过整合高校的财力资源、人力资源、政策资源、网络资源，使高校有限的资源得到最大限度的利用，将其主要用于开展校内足球比赛和校际足球联赛上，不断提升校园足球的氛围，建立大规模、高质量的高校业余训练体系，同时聘请高层次的培训和足球教学人才指导高校足球运动的发展。最后，高校可以将剩余资源用于高校校园足球的推广和普及上，促进高校足球在学生和社会中的传播。

（4）加强高校集体足球意识的对策

要使大学生重新树立对大学足球的认识。高校职能部门要依托学生会、学生社团等团体组织，通过定期举办足球文化节等相关活动，充分调动学生参与足球的积极性和主动性，为学生配备专业教师或培训人员，在足球赛前正确有效地组织和指导学生的行为。还可以通过开展一系列的体育与健康讲座，让学生正视足球的危险，进而规范比赛形式。此外，学校为保证学生的身体健康，消除学生的恐惧心理，可以为学生建立完善的保险制度。通过这些措施，使学生重新认识高校足球运动，让更多的学生热爱大学足球，并参与其中。

（5）扩大高校足球平台宽度的对策

体育职能部门和教育部门为了促进高校足球的发展，可以采取开展更多的国家性、地区性和区域性的高校足球比赛的方式，全面拓展高校足球交流平台，通过这个平台扩大足球的影响力，增强大学足球的吸引力。高校自身通过区域性的高校足球交流这个平台，加大宣传力度，提升学校足球氛围，让更多的学生参与其中、乐在其中，丰富学生的生活。此外，为确保足球运动的高质量发展，应制定科学的保障政策，比如在学习、就业和奖励制度方面，加大对优秀大学生足球运动员的优惠政策，让他们看到更广阔的发展平台，只有这样，才能有更多的学生参加大学足球运动。

三、高校排球运动

（一）高校开展排球教学的意义

1.丰富学生业余文体生活

排球是一项集体性的、竞技性的体育运动，在"三大球"中的关注度一直很低，很少受到重视，但得益于中国女排在赛场上的强劲表现，排球运动在中国拥有大量的球迷，尤其是有着大量的青少年爱好者和支持者。高校开展排球教学，首先要得到这些排球爱好者的支持，高校可以为他们的业余爱好提供一个展示和发展的平台。

其次，排球作为一项集体性的、群体性的运动项目，可以有几个人甚至几十人参加非正式比赛，这正好和大学生喜欢与朋友、同学一起进行休闲体育的现象和特点不谋而合。因此，高校开展排球教学活动可以使更多的大学生学习和了解排球运动，进而为大学生参加休闲体育团体提供更多的选择，使他们的休闲体育生活变得更加充实。

2. 促进学生体质健康

当代大学生是社会所要培养的精英人士，在毕业之后会投入到社会主义建设中，这就需要当代大学生不仅要具有专业的知识和技能，还需要有健康的身体，而参加体育运动就是非常好的强身健体手段。排球运动是当前受到关注度最高的运动项目之一，如果高校开展排球运动，可以吸引学生参与体育活动，一方面加强学生对排球运动的了解，另一方面增强学生的体质。

3. 培养各类排球人才

随着国家教育教学改革，应试教育逐渐向素质教育转变，越来越多的家长和学生加大了对体育的关注。开展高校排球教学活动，一是可以丰富大学生业余体育生活，给学生提供更多的选择；二是可以增强学生体质；三是助力于各类排球人才的培养和储备。在排球教学过程中，学生在进行排球运动时，一方面可以学习先进的、科学的排球技术；另一方面还可以对排球的指导和规则有更加直观和深刻的认识。因此，开展高校排球教学活动，不仅可以培养和挖掘排球运动的竞技人才，而且可以培养排球教练员、裁判员等人才。

（二）高校排球教学现状

1. 注重技术教学

专项课和选修课是当前高校排球教学活动主要的两种形式。排球专项课程主要面向的是专门的体育院校或综合性高校的体育院系等专业的排球专项学生。因此，这些课程具有很强的专业性，但不足的是范围很小。对于许多非体育院校和非排球专项学生来说，高校主要采用排球选修课的形式开展教学。虽然选修课形式的排球教学活动为更多的学生参与排球运动提供了机会，但选修课程在时间和人数上有局限性，正因如此，目前大多数高校的排球选修课都是仓促进行的，不能对选择排球选修课的学生进行系统的、科学的、全面的排球教学，更多的是进行排球基本功的教学。

2. 教学方法传统

高校在开展排球教学活动时，一般采用是六人制排球，很少采用二人制、三人制等更有趣的排球形式。随着这些有趣的排球形式的出现，传统的六人制排球教学越来越难以满足喜欢排球运动的学生的个性化、趣味性需求，这样会打击学生参与排球运动的积极性和兴趣。同时，由于大部分高校排球教学活动主要是选修课的形式，因此，同一班级的学生的排球基础相差较大，由于时间和课时的限制教师在排球教学活动中常常出现"一刀切"的教学方法，这种教学方法主要是以基础薄弱的学生为标准，通常教师在排球运动的教学过程中，多采用示范法、演示法等教学方法。由于教学方法的单一和片面，不仅不能调动起基础好的学生的积极性，更甚者会使其失去对排球课的兴趣，这不利于通过排球课程为指导，在全校营造良好的排球氛围。

3. 教学内容死板

当前，高校排球教学活动中，发球、传球、垫球等排球基本技术为主的内容是排球教学的主要内容，对学生排球技术、排球战术和排球理论知识的培养和教学较少，因此该课程难以体现娱乐性和竞技性的统一，造成排球运动课堂气氛的单调、乏味，不能激发学生进一步学习排球的积极性和兴趣。

（三）高校排球改革困境分析

1. 改革措施执行力度低

随着阳光体育实施的不断深入，学校体育教学改革进入了一个全新的加速阶段，但在高校体育教学改革的实施中仍存在一些障碍和阻力，例如，相关法律法规的匮乏；缺乏师资力量；缺乏相关体育设施等体育教学资源。此外，大学生人数多，有着很强的自主性，这使得相关措施的实施难度进一步加大。针对这个问题，相关教育管理部门应与高校相互协作，共同制定与排球运动相关的法律法规，以此规范高校体育教学改革；与此同时，创新实施教学评价体系，将终身体育理念融入学生评价指标中，以激励教师和学生实施体育教学改革。

2. 师资力量不足

目前，大多数高校的教师队伍存在年龄断层，呈现出明显的中年化趋势，这不利于对身体素质要求较高的体育教学，尤其不利于排球教学，排球教学对身体素质要求更高。与此同时，中年教师更加倾向于传统的教学观念：一方面，他们不愿进行教学创新和改革；另一方面，他们学习和接受创新事物的能力比较差，不利于推行高校体育改革措施。

3. 场地设施不完善

大多数高校存在的问题是现有的场地和设施不足。首先，场地数量普遍不足，大多数高校只有2~4个排球场馆，对于高校上万甚至数万名学生而言，场馆地数量严重不足；其次，场地存在安全风险，因为高校排球场地多在室外，并且多是水泥场地，而新建的场地平整但易被风雨侵蚀存在安全隐患，加之，室外场地不能在恶劣天气条件下使用。然后，与排球有关的配套设施不完善，导致排球教学活动有效开展受限。因此，高校应从场地建设、场地地面的建设、配套设施的建设等方面入手，加强对排球场地设施的完善，以此保证排球教学活动的高效、安全开展。

（四）高校排球教学改革的路径

1. 优化教学模式，提高学生参与积极性

学生从事体育学习和锻炼的内在动力就是体育兴趣，体育兴趣是保证学生获得基本知识和掌握基本技能的基础，体育兴趣也可以促进学生形成正确价值观。因此，为了实现"达标争先、强健体魄"的目标和口号，学校在开展体育教学活动时必须要充分考虑调动学生参与的积极性。在排球教学方面，高校可以从教学内容入手、从教学方法入手，进行多方面、多角度的调整，如引进二人制排球、三人制排球，一方面要注重技术教学；另一方面要加强实践活动，加强战术的运用。通过这些教学方法和教学内容让学生感受排球运动的趣味性、竞争性，激发学生参与排球运动的主动性和积极性。

2. 关注课内教学的同时，更加注重课外活动的开展

高校排球教学活动的教学形式基本上是选修课的形式，在选修的时间、班级、人数、学时等方面都有明确的规定，并且不同的班级中，学生的排球基础可能存在较大的差异性，这就给教师的教学带来困扰，教师很难开展更深层次的排球教学，在有限的教学时间里不可能使每个学生都达到预期的学习效果。特别是在教学的实践过程中，教学时间是有限的，大部分的教学时间一是教师的教学过程，二是学生的学习过程，这也就限制了学生学习的体验感。因此，高校在排球教学改革中，要将课堂教学与课外实践相结合。

3. 基于学生的个体差异，灵活开展教学评价

排球运动是一项具有很高技术含量的运动项目，不同学生之间天差地别。在高校排球教学评价中如果要体现公平价值必然不能采取一刀切的教学评价方法，这种评价方法也不能真正实现以人为本。因此高校排球教学应对教学活动的全过程进行全面的、科学的评价，充分考虑学生的努力程度、个体情况、运动基础、进步程度、运动的态度等方面的差异性，根据实际的情况制定和完善包括认知、技能、技术、情感等因素在内的评价指标体系，保证对每个学生的评价都是客观的、科学的、公正的。

第二节　高校体育教学——小球类运动

目前，受到当前社会中一部分用人单位的需求影响，随着高校体育设施建设的日益完善，乒乓球、羽毛球、网球等专项运动受到学生的欢迎，成为高校的热门体育项目。

一、高校乒乓球运动

今天，丰富的大学生活为学生的学习和生活氛围打下了良好的基础，这其中尤其值得关注的是丰富多彩的体育运动。乒乓球是我国的国球，因此，非常有必要在大学校园中积极开展乒乓球运动，助力我国乒乓球运动的发展。因此，对于高校的乒乓球运动，应该给予高度重视，并提出相应的实施方案和教学策略，确保高校校园乒乓球运动在高校校园的健康、长足发展。

（一）高校开展乒乓球运动的积极意义

1. 促进高校教育内容多元化发展

随着我国教育体制的不断改革和创新，教育部门不断调整和强化体育锻炼在高校教育活动中的比重，不断丰富高校校园的教学内容。一方面是使学生劳逸结合，提高学习的效果；另一方面可以增强学生的身体素质，积极促进学生更好地完成整体学习任务。在高校教学中融入娱乐性乒乓球教学内容，一是可以有效优化高校的教学结构，改善教学内容；二是可以让学生身心得到放松；三是提高学生学习的抗压能力，调整学生内在的不良心理，以此督促学生朝着更好的方向发展。

2. 增强大学生体质

面对强大的学习压力，为了更好地保持学习的状态，需要学生具有健康强壮的身体，只有这样才能提高学习的效率和学习的效果。在传统的教育活动中，过分强调提高学生的学习学科内容，忽视培养学生良好的身体能力和身体素质，导致学生在日常学习中缺乏足够的体力来维持有效的学习，造成学生没有学习的效率和不尽如人意的学习效果。通过融入乒乓球运动，可以让学生劳逸结合，通过脑力劳动和体力劳动的完美结合，增强全身协调性，不断提高身体的免疫力，学生只有具有强壮的身体才能更好地面对学习和工作。

3. 改善大学生近视问题

随着互联网技术的飞速发展和高科技电子产品的广泛应用，如手机、笔记本电脑、平板电脑等，出现的不良后果是：学生长期过度使用眼睛，严重影响视力。大多数学生都有不同程度的近视，戴眼镜的学生占学生群体的比例越来越大。将乒乓球教育融入学校教育活动中，可以有效舒缓眼部肌肉，使学生的身心得到放松，更好地减少和预防学生近视。

4. 增进学生间交际

在乒乓球教学活动中，通过小组教学的活动形式，可以有效地促进学生与教师之间、学生和学生之间的交流与沟通，帮助学生建立良好的人际关系。在与人交流合作中，促进学生身心朝着健康的方向发展，使学生保持良好的学习状态和身体状态，提高学习效率和学习的效果。同时，在这个过程中可以有效实施教师教学计划，促进师生共同进步和成长。

（二）我国高校乒乓球教学现状

1. 不合理的教学课程设置

课程设置不合理的问题普遍存在于目前我国高校乒乓球教学中，究其原因主要是因为对乒乓球缺乏足够的重视，在大部分的高校，乒乓球基本上都是作为选修课的形式出现，并且教学时间分配不合理，这导致学生学习乒乓球项目的时间不足，教师也不能对乒乓球的相关知识进行系统的、全面的、细致的教学。此外，由于教学时间不足，学生无法利用有限的课堂时间练习乒乓球技能，这就使得学生学习乒乓球的效果大打折扣。

2. 较低的教师综合素质

教师的综合素质对乒乓球运动的质量和开展有很大的影响。当下，专业乒乓球教师的数量相对较少，一些高校的乒乓球教师，专业水平不足，有待进一步提高。在高校中，通常由一名体育教师担任多项体育教学的培训工作。虽然这些体育教师是体育专业的老师，但其掌握的乒乓球技术并不专业，只能教给学生一些简单的乒乓球知识和技术，对于更多的专业运动技能和知识，这些老师也不能教授，这就会使教学效果大打折扣。此外，一些体育教师由于缺乏足够的专业素质，忽视乒乓球课程的重要性，认为乒乓球课程既不能培养专业的、顶尖的乒乓球运动员，也不是高校的必修课，因此没有必要进行重点教学，这些机会主义、敷衍了事的现象，极大程度上影响了高校乒乓球教学高质量发展。

3. 不合理的教学方法

在乒乓球教学中，良好的教学方法可以促进教学质量、学生的身体素质以及乒乓球技能的提高。目前，我国高校仍采用传统的乒乓球教学方法：体育教师首先向学生展示乒乓球的相关技能，然后分组练习，之后进行比赛，通过对实践中学生的动作和技能的纠正，帮助学生掌握乒乓球技能。这种教学方法强调教师的主导地位，不能很好地调动学生的学习积极性和主体性，没有充分考虑学生的个性特点、学习需要等实际和具体情况，不利于提高学生的身体素质和掌握乒乓球技能，打击了学生学习的积极性。

4. 学生对乒乓球运动不够了解

我国许多大学生在中学阶段面临着巨大的学习压力，这导致他们将大部分时间和精力花在文化课的学习上，很少参加体育锻炼，更不用说参加乒乓球运动。

他们缺乏相关的乒乓球知识，没有足够的乒乓球技术基础，这就导致高校开展乒乓球教学具有很大的难度。如今，绝大多数高校都会将乒乓球作为选修课程之一，现实是大多数学生的乒乓球技术水平不高，对于乒乓球的学习缺乏信心，为了完成学业，很多学生不会选择乒乓球运动，这样就会限制高校乒乓球运动的发展。

5. 教学场地器材匮乏

我国高校长久以来忽视了体育教学的重要性，大部分教育经费主要用于建设专业课和文化教学相关设施，教育经费中对乒乓球相关设施的投入是有限的，这就导致乒乓球室面积非常小，设施数量有限，学生不能很好地、大规模地参加乒乓球运动。此外，随着各大高校的招生规模不断增长，学生人数众多，但体育相关的场馆和设施没有增加，造成了乒乓球运动场馆和设施资源的不足，严重影响高校乒乓球运动的发展。

（三）高校体育乒乓球课程教学的改革措施

1. 优化乒乓球课程教学设置

针对当前我国高校乒乓球课程教学设置不够合理的问题，高校应加大对乒乓球运动的重视程度，对当前的乒乓球课程教学设置进行优化。相关教学管理人员应根据乒乓球教学需求及特点，适当增加乒乓球课程教学时间，使教师能够有足够的时间对乒乓球运动知识及技能进行全面、系统的教学，同时也能够使学生有充足的时间对乒乓球技术动作进行训练。另外，高校在设置乒乓球课程教学时，还应合理分配理论教学与实践教学的比重，既要注重学生乒乓球技术教学，同时也要重视乒乓球理论教学，在提升学生乒乓球技能的同时，还要保证学生能够充分掌握乒乓球运动相关理论知识。

针对目前我国高校乒乓球课程教学设置不合理的问题，高校应重视乒乓球运动，优化现有的乒乓球课程教学设置。相关教学管理人员应根据乒乓球教学的需要和特点，适当增加乒乓球课程的教学时间，使教师有足够的时间全面、系统地传授乒乓球知识和技能，也能使学生有足够的时间训练乒乓球技术动作。此外，高校在设置乒乓球课程教学时，还应合理分配理论教学与实践教学的比例，应重视学生的乒乓球技术教学，还应高度重视乒乓球理论教学，在提高学生乒乓球技能的同时，也保证学生能够充分掌握乒乓球的相关理论知识。

2. 加强乒乓球师资队伍的建设

我国乒乓球教师综合素质不够高这个问题，高校可以从以下方面进行改革和创新：一方面，聘请、引入国内外优秀的乒乓球教师来校指导乒乓球教学和培训工作，促进高校乒乓球教师队伍的优化和提升，当然，高校也可以举办相关的知识讲座，比如，邀请优秀的中国乒乓球教练员或运动员到学校进行指导和讲解；另一方面，高校加强对乒乓球教师的培训工作，使老师加深对乒乓球的认识，改变其错误的教学观念，不断提高自身的专业素质、教学水平和教学能力。

3. 加大对乒乓球教学模式的改革创新

针对目前我国高校乒乓球教学模式过于陈旧的问题，高校应加强教学方法和教学模式的改革，积极引进灵活多样的教学方法。如将竞赛教学法引入乒乓球教学，通过开展各种乒乓球比赛，营造积极主动的乒乓球运动氛围，增加学生对乒乓球的参与度，使学生在参加比赛的过程中实现乒乓球运动技能的提高，充分感受乒乓球的魅力，然后喜欢乒乓球运动；还可以引入游戏教学方法，使学生在学习乒乓球基本技能的过程中进行互动，有利于激发学生的学习兴趣，也有利于提高学生的学习效果；还可以引用多媒体教学法，充分发挥互联网技术的优势，增加乒乓球课堂教学的生动性，增强学生的感官体验，更好地了解乒乓球技术动作，从而达到提高乒乓球教学质量的目的。

4. 根据学生实际情况进行因材施教

由于大多数学生并不真正具备良好的乒乓球技能，一些学生甚至没有接触过乒乓球，因此，在教师开展乒乓球教学的过程中，应遵循因材施教的原则，加强与学生的沟通，充分了解和分析学生的需求和期望，在详细了解学生整体情况的基础上，找出学生普遍存在的问题，在此基础上，制定科学合理的教学计划和学习计划，帮助学生及时解决各种问题，当学生完成一定阶段的学习计划时，教师应采取相应的激励措施，鼓励他们继续完成下一阶段的学习计划，逐步增强学习的自主性，最终提高学生的身体素质和乒乓球技能。此外，教师还可以定期开展各类乒乓球比赛，以进一步激发学生的参与积极性，从而促进高校乒乓球运动的更好发展。

5. 增加对乒乓球场地器材的建设力度

高校可以从以下几个方面改善我国乒乓球场地设施不足的现状。首先，高校领导要自觉加强对乒乓球的学习和了解，更加重视乒乓球的投入，根据学生人数和需求，合理建设乒乓球场馆及相关设施，适当扩大乒乓球室面积或数量，逐步完善乒乓球相关设施，确保所有学生都能参加乒乓球运动。其次，应提高学生学习乒乓球的信心，激发学生对乒乓球的兴趣和愿望，充分调动学生学习的积极性和自主性，使学生能够始终以良好的心理状态投入乒乓球学习，最终提升高校乒乓球教学质量。

二、高校羽毛球运动

羽毛球运动作为一项全身运动，具有良好的健身效果，因其运动量适中、技术难度不高等特点，深受大学生的喜爱。

（一）高校羽毛球教学的重要性

高校体育作为学校体育的最后环节，直接影响着社会体育的发展，做好高校体育教学工作，使大学生树立终身体育意识并养成良好的运动习惯，可使大学生终身受益，并且推动社会体育的发展。羽毛球课程作为高校体育教学的重要组成部分，凭借其集娱乐性、健身性、竞技性于一身的特点，再加之其运动量适中，适合不同体质状况的大学生，在高校的参与度较高，深受大学生的喜爱。在此背景下，高校体育教学改革应加强对羽毛球课程开展的重视程度，并深入分析当前高校羽毛球运动教学中存在的问题，然后有针对性地进行改革，使高校羽毛球课程的开展能够真正实现改善大学生体质、培养大学生综合素质的教学目标。

（二）高校羽毛球教学存在的问题

1. 羽毛球教学资源不足

羽毛球运动由于技术难度不大、运动量适中，因此在高校的参与人数较多，但由于高校羽毛球场地资源有限，难以满足众多大学生的学习需求，在影响教学效果的同时也影响了大学生的课后练习效果，长此以往，降低了大学生参与羽毛球运动的热情。并且，因为学校配备的羽毛球教学器材不足，许多大学生只能自购羽毛球器材参与练习，但是许多大学生在购买相关器材时，一方面出于经济能力的制约，另一方面由于不懂如何挑选，时常会购买到劣质的器材。这些劣质的器材不但难以有效促进大学生技能的提升，而且为其日后的练习埋下了安全隐患。

2. 羽毛球教学师资水平不足

虽然说几乎所有高校都开设了羽毛球选项课，但就师资力量来看，却存在着教师专业能力不足、执教能力欠缺的问题。羽毛球选项课教师，因为自身的专业知识储备不足、技能水平不够，难以为大学生提供专业化的技能教学，直接影响了大学生技能的专业化发展，影响了大学生羽毛球运动竞技水平的提升，自然也阻碍了学校在各类羽毛球竞赛中成绩的提升。除此之外，部分羽毛球选项课教师，尽管自身具备较高的专业技能，但由于教学理念、执教理念没有及时更新，没有做到"因材施教"，没有做到以大学生为主体展开教学，使得大学生在教学与训练的过程中往往处于被动地位，在制约大学生参与积极性的同时，也难以有效提升大学生的技能水平，从而影响了教学与训练的效果。

3. 羽毛球竞赛活动不足

毋庸置疑，相关竞赛的开展，在一定程度上能激发大学生的参与热情，但就高校羽毛球正规竞赛活动的开展来看，却存在着严重不足的问题。学校一般只重视对三大球项目竞赛活动的开展，而忽略了羽毛球赛事的组织。众所周知，羽毛球运动是一项对抗性运动项目，比赛是检验大学生技能掌握水平的有效途径，并且通过竞赛活动，还能够帮助大学生树立正确的竞争观，锻炼大学生的思维能力，提升其社会交往能力。但是因为正规的羽毛球竞赛活动的不足，大学生便难以通过比赛来检验自身的学习成果，在一定程度上打击了大学生学习的积极性。

4. 羽毛球课程设置有局限性

当前，许多高校只是开设了羽毛球选项课，这种选项课制度，限制了大学生数量，从而导致一些热爱羽毛球运动的大学生被拒之门外，而一些对羽毛球运动不感兴趣的大学生却因为觉得羽毛球运动技能容易掌握、运动量较小，与其他运动项目相比，更易获得学分，选择羽毛球课程，占用了名额，这部分大学生，由于他们本身就缺乏对羽毛球运动的参与兴趣，因此，在学习的过程中，也往往是一种敷衍态度，从而导致课堂氛围散漫，影响教师教学的积极性以及其他感兴趣大学生的学习热情，制约了教学活动的有效开展。

5. 改革高校羽毛球课程设置

现阶段，我国高校羽毛球课程多为选修课。新课程改革对大学生素质做出明确规定，要求大学生具备良好的身体素质。这对高校体育教学提出了更高的要求，学校需要增加体育必修课程，同时增加体育课程在总课程中的比例，提升高校学生的运动能力，激发高校学生的运动热情。在所有的体育运动中，羽毛球运动的运动量居于中等，适合大部分学生。羽毛球运动的规则并不复杂，需要学生掌握的技能也比较简单。不仅如此，羽毛球运动对场地的要求相比其他运动项目也是比较低的，非常便于高校开展和推广羽毛球运动。随着新课程改革的深入开展，羽毛球课程很有可能从选修课升级为必修课，这样能让更多的大学生参与到羽毛球运动中来，一方面能够提升大学生的身体素质，另一方面也能帮助大学生掌握一门运动技能，即使以后毕业进入社会，也能坚持羽毛球运动。

6. 创新高校羽毛球教学方法

在高校羽毛球教学过程中，选用合理的教学方法是非常重要的，有助于提升羽毛球的教学效果，完成教学目标。这就需要高校创新羽毛球的教学方法，举例来说，现阶段的教学必然少不了网络信息技术的参与，因此，在羽毛球的教学过程中也应充分发挥多媒体的作用，利用多媒体为大学生展示高水平羽毛球比赛，向大学生介绍羽毛球运动，使得大学生能够了解羽毛球运动，同时也能使教学更具趣味性。再如，游戏教学法也能提升教学的趣味性，还可以通过情境教学法活跃课堂氛围，激发学生参与的积极性，利用小组合作法提升学生团队协作能力等等。总而言之，在教学过程中可以灵活采取教学方法，以提升课堂教学质量，进而培养大学生的综合素质。

目前，体育强国战略已经深入高校教学领域。高校开展羽毛球教学具有重要的意义，这就要求高校注重培养大学生的羽毛球技术，同时为大学生进行羽毛球实践活动创造条件。一方面，高校应加大对羽毛球教学资源建设的投入，为大学生打造良好的运动基础设施；另一方面，高校应优化课程设置，灵活采用有效的教学方法，激发大学生参与羽毛球运动的兴趣，提升大学生的身体素质。

三、高校网球运动

为了适应时代的发展，推动我国实现由体育大国向体育强国迈进的战略目标，党中央对此作出了重要部署，对未来体育作出了明确的要求：奠基健康中国，助力和谐中国，增利经济发展，代言和平崛起，为中华民族的伟大复兴提供鲜活的精神动力。现阶段，我国与体育强国还存在一定的差距，具体表现在多个方面，比如群众体育、文化建设、国际交流、法律法规等。由此看来，国家必须注重体育强国建设。而体育强国建设的基石就是高校体育建设，高校体育应该与体育强国建设的发展原则相符合。网球作为时代的新宠，迎合时代的潮流。为提高学生的德育、智育、体育、美育和劳育、体现网球运动的价值、促进高校网球教育的发展、响应体育强国的号召，应力争打造多维性、多层次性、制度性、终身性的网球运动。

（一）高校网球教育的价值

我国普通高校网球教育具有重要的价值，一方面能为体育强国建设赋能；另一方面有助于促进健康中国发展。网球作为普通高校体育教育的重要组成部分，多方位呈现出一个国家、一个省市的重要实力。在普通高校开展网球教育，能够扩大网球群体，在一定程度上促进相关人才发展。不仅如此，还能提升我国网球文化软实力，全方位促进学生身心发展。

1. 推动网球运动平民化发展

网球诞生于 12 世纪，向来是贵族阶级的运动。标准的网球场地长 23.77 米，宽 10.98 米，占地面积不小于长 36.6 米、宽 18.3 米，严格的场地要求造成了运动场所的稀缺。在经济欠发达地区，网球参与群体就十分稀少。因此，在普通高校开展网球教育具有重要的意义，首先能够促进学校体育事业的发展，推动体育强国建设的进程；其次能够进一步地推广普及网球运动，增加网球运动的参与人数，促使网球运动向平民化方向发展。大众在余暇的时间里参与网球运动，可以实现角色转换、缓解角色压力、增进健康、愉悦身心、促进个体社会化发展。

2. 储备网球运动相关人才

学校体育工作的开展能为社会输送体育人才，体育强国建设有着非常明确的要求，不仅要求高校提升教学质量，促进学生综合素质发展，还要求学校促进体教融合，为竞技体育打好群众基础。高校开展网球教学能够为高校营造网球氛围，奠定网球人口的基础，引发相关群体的参与。除此之外，高校开展网球教学和竞赛，还能筛选出更为优秀的学生，促进其进一步的提升，为我国竞技体育发展人才。在网球学习过程中，学生能够学习到网球相关的裁判规则和战术知识，有兴趣的学生还可以参加相关的培训，比如网球裁判员和社会体育指导员的培训等，多方面推动我国体育强国建设。

3.提升我国网球文化软实力

体育强国的精神内涵是体育文化，而网球文化是网球事业发展的精神动力。为了更好地激发学生运动的积极性，帮助学生树立信心，高校可以在校园内设立网球墙，促进网球爱好者提升运动技能水平。在网球场上张贴网球巨星海报，一方面可以装扮网球场，另一方面能够使学生了解网球相关人物，了解网球的发展历程，进一步认识网球运动的意义，促进校园网球事业的发展。网球是最具有时尚性、游戏性和审美性的运动，网球运动具有独特的美感，被称为运动场上的芭蕾。提升我国网球文化软实力必不可少的一环就是发展校园网球文化。

4.促进学生身心协同发展

2007年，国家重新颁布了《国家学生体质健康标准》，连续十多年来，我国大学生体质测试下降趋势明显。运动是提升身体素质的有效手段，在普通高校开展网球教育，一方面能够提升学生身体素质，增强有氧耐力、最大摄氧量和乳酸阈，保证学生身体健康。另一方面还可以促进学生心理健康发展，在普通高校开展网球运动，学生在运动中能够释放负面情绪，在运动中感知、观察、记忆、想象和思辨，网球还可以提升学生鉴赏、表现和创造美的能力，成为学生展示自我、表现自我的舞台。

（二）高校网球运动的现状

与篮球、羽毛球、乒乓球等项目相比，网球是高校开展的运动项目中普及时间比较短的，大众对网球的认知程度不高。网球运动受项目特征、场地设施、文化差异等因素的影响比较大，具有不同于其他运动项目的现状特征。

1.高校网球普及程度低

在众多的体育运动项目中，网球运动的普及程度比较低，很多学生在上大学之前没有接触过网球运动，少部分学生通过观看"网球王子"动画片获得对网球的部分认知，还有一部分学生在网络媒体、电视上了解网球规则、知识，真正打过网球的学生是少之又少的，尤其是农村生源的学生，上大学之前基本没有接触过网球。之所以说网球至今仍是"贵族运动"，是因为现代网球对设施有较高的要求，网球运动对场地要求是非常大的，网球场地的造价非常高，并且维护的价格也很昂贵。针对我国人口众多的国情，和其他运动项目相比，同样的场地、资金建设的体育设施可以满足更多人群体育需求，这也造成了我国网球场地、设施较少，并且都集中在省市、县、区的体育中心以及高校，社会网球场地的稀少，限制了我国网球人口的发展，也造成了大部分高校学生零基础学习网球的现状。

2.高校网球场地设施不足

作为培养各类高层次人才基地的高校，比中小学提供的体育场地设施更加的标准和全面，有助于国家高层次人才的培养。但是相对于其他运动项目的场地设施，高校网球场地设施较少，有的甚至难以满足课堂教学的需求，并且很多高校在课外时间不对外开放网球场地。通过查阅文献资料以及与同行教师访谈、交流发现，随着网球运动的发展，大部分高校都开设了网球课程，一个班级平均人数在 35 人，一般只有 3~4 片的网球场地，基本上都是室外场地，一片场地至少 8 人共同使用，网球场地不能完全满足网球教学的正常需求；而且由于场地内学生过多，在持拍打球的过程中，会给彼此造成干扰，也存在一定的安全隐患，容易出危险。由于缺乏场地，且网球是专业性较高的运动，对于没有接触过网球的学生来说，很容易使学生学习网球的兴趣减弱，影响课堂教学质量。

3.缺乏网球文化氛围

良好的运动氛围在体育运动实践中是非常重要的，能够引起参与者和观众的共鸣，带动更多的人参与体育运动，从而促进体育运动的发展。在高校体育运动项目中，篮球、足球、乒乓球、羽毛球等项目具有良好的氛围，这是因为参与这些项目的人数比较多，而且这些项目经常举办比赛，使得这些项目拥有比较好的氛围。高校中的网球运动起步比较晚，校园内网球文化的宣传和普及也不到位，在高校网球场周围很少看到网球运动的宣传，导致了网球运动的氛围较差。高校中的网球竞赛也比较少，个别高校会举办新生网球杯，网球队偶尔参加比赛，除此之外，高校内很少见到网球比赛，这也导致高校网球氛围不佳，学生没有学习网球的兴趣，不利于网球运动的推广。

（三）高校网球教学的革新途径

推动高校网球发展的主要任务在于高校网球教学，网球教学是高校网球普及和发展的基础，尤其是对于之前没有接触过网球的学生来说，网球课堂教学能够让学生了解网球知识和竞技规则，掌握网球相关技能。作为课堂教学的实施者和引导者，教师可以通过调研、交流、反馈、培训、学习等方法，解决网球教学中存在的问题。主要从以下方面着手解决。

1. 加强场地资源的开发

阻碍高校网球发展的重要因素是网球场地不足，网球场地不能满足教学需求，就会影响网球教学的质量，进而阻碍高校网球的发展。之前没有接触过网球的大学生最重要的是学习网球基本技术，对场地标准化的要求不是特别严格，如果高校网球场地不足，可以通过以下方法满足网球教学的需求。首先，可以建设网球墙。如果建设网球场地，投资成本是很高的，而且需要比较大的场地面积，但是如果只建设网球墙，相对来说，需要的费用较少，需要的面积也较小。可以把围网改成网球墙，就能满足不同水平大学生练习网球的需求。大学生可以根据自身的网球技术，练习力量的控制，再逐步进行网球技术的练习。多位学生可以在一面网球墙上练习，既能提升网球课堂教学质量，还能为学生课外练习网球技术提供空间。其次，还可以引入短式网球。短式网球适合的人群更加广泛，对场地的要求不高，动作技术与标准场地一样，但其对步伐的要求较低，非常容易学习，可以在一定程度上解决高校网球场地不足的问题。将标准的网球场划分成若干个短式网球场，根据上课的需求，可以开发 6 米短式网球网。一个标准的网球场地，长为 23.77 米，加上两条底线的空间，可以横放四个 6 米的移动短网，至少可以满足 8 位学生同时练习。最后，还可以开发非网球场地资源。将篮球场、排球场等改造为网球场地，或者是在篮球场、排球场上设置移动式短网，拓展网球场地，为网球教学提供足够的空间。

2. 加强师资团队建设

网球运动专业性比较强，对球的控制性要求也很高，这是一项拥有复杂技术动作的隔网对抗性项目。高校网球教师要想全面了解学生的学习情况，提升课堂教学质量，必须具备扎实的理论基础、高超的技术能力，在一对多的网球教学中，采用合适的教学方法，完成课堂教学目标。根据现阶段高校网球教师现状，可以采取两方面措施来促进高校网球教师的发展。一是引进高水平的网球专业教师，为现有高校网球团队赋能，全面提升高校网球教学质量和网球训练水平；二是加强对现有网球教师的培训，使其掌握的网球技术更加系统，同时丰富网球教师的理论知识，提升网球教师队伍的整体素质。

3. 改进教学理念与方法

在高校传统的网球教学中，教师主要是教授规范、标准的技术，学生通过不断地重复、模仿规范的技术动作，掌握规范完整的网球技术。但事实上，由于网球课程比较少，且间隔时间长，往往一周只上一节网球课，再加上没有正确地进行课外练习，学生并不能真正掌握网球的规范技术，大多时候会觉得训练枯燥、乏味，从而失去对网球技术学习的兴趣，形成心理落差。针对这种情况，教师可以从以下方面进行改进，一方面，可以引入"快易网球"的教学理念，在教学过程中采用情境式教学模式，通过游戏的方式引导学生参与其中。合理运用"十步教学法"，通过非标准化的技术动作，帮助初学者从开始就进行对打练习，在对打练习中，深刻体会网球的技术，积累成功的经验，在对打训练中潜移默化地融入规范技术要点、发力顺序等，让学生体会到网球比赛的乐趣，激发其参与网球运动的积极性。另一方面，进一步改进网球设施装备，利用非标准化的装备开展教学。在高校网球教学中，多使用标准的网球场地和标准的网球，学生网球基础弱且上课人数众多，导致网球场地不足。另外，标准球具有质量重、反弹高、球速快的特点，这些因素都阻碍了学生对网球技术的掌握，降低了学生学习网球的兴趣。针对这种情况，在实际教学过程中，高校可以对标准的网球场地进行改造，将其改为短式网球场，同时把标准球改为过渡球。这样的改造具有重要的意义，一方面能够满足网球教学的需求，另一方面也能加强学生对球的控制。通过教学实践可知，短式网球场、过渡球能够降低学生学习网球的难度，同时解决场地不足的问题，从而提升网球的教学质量。

最后，随着互联网的普及发展，网球教学中也可以充分发挥互联网的优势作用，利用 QQ、微信等方式建立班级群，教师可以利用互联网，分享网球教学内容的相关视频，使学生通过互联网技术更便捷地学习网球技术、网球竞赛、网球规则、网球文化等，不仅能提升学生学习网球的兴趣，加强对网球的认识，还能有效提升学生的网球技术水平。

4. 深化网球教学改革

网球教学改革进一步深化需要遵循"学会、勤练、常赛"的原则。"学会、勤练、常赛"是全面深化体育教学改革的重要着手点。在高校网球教学中主要应做到以下几方面：

第一，"学会"，学生在网球教学课堂上学会基本运动技能、网球专项运动技术、网球的理论知识、科学锻炼身体素质的方法、健康知识等。在选课时，如果想要真正学会网球技术，需要学生在大一、大二连续选修网球课，两年的网球课程学习才能融会贯通，达到大学生掌握一到两项运动技能的目的。

第二，"勤练"，课内、课外要持续性地进行技术练习。网球运动项目具备很强的实践性和操作性，仅仅通过一周一次的网球课程，很难达到训练的目的，以至于难以完全掌握网球运动的技术，即使当堂课上掌握了技术要领，如果不加以训练，很快就会生疏，实现网球技术水平真正的提升唯有长时间的持续练习。很多大学生之前并未接触过网球，网球基础较弱，对于这部分大学生来说，除了在课堂上认真学习网球技术之外，更要加强课外练习，进一步巩固和提高技术，打牢网球基础。只有通过课内外的持续技术练习，才能有效提升网球技术水平。

第三，"常赛"，体育的本源是游戏，竞赛是游戏的一种表现形式，体育竞赛能够激发学生参与的热情，也能通过竞赛提升网球技能。这就要求高校要经常组织和举办相关体育竞赛，学生积极参加各种网球比赛，在比赛中体会网球运动的魅力和激情，感受体育运动的乐趣，这也有助于营造良好的网球运动氛围，助力高校网球的发展。"学会、勤练、常赛"与运动技能的学习规律是相吻合的，有助于增强学生学习网球的兴趣，同时也是网球教学改革的有效手段。

5. 宣传网球文化

运动项目只有通过宣传才能被大众了解，才能推动运动项目持续地发展下去。网球课程在高校开设的时间是比较短的，因此，网球运动文化滞后于其他运动项目的文化。而且在宣传网球文化方面，高校做的也不是很到位，再加上很多大学生之前并未接触过网球，他们对网球文化的认知是比较空白的，这些因素阻碍了高校网球运动的发展。针对这种情况，高校一方面应加大网球宣传力度，采用多样化的宣传手段，比如课堂教学、宣传栏、网球场知识宣传等，向学生普及网球知识、竞赛文化、基本规则、网球礼仪等，加深学生对网球文化的认识；另一方面，高校还可以利用现代互联网工具进行宣传，比如利用微信、QQ、公众号等，向学生普及网球文化，通过互联网观看学习网球技术、战术、比赛规则、礼仪、比赛视频等，让学生感受网球比赛的氛围，加深学生学习网球的兴趣，让他们积极主动地认识和了解网球，打造校园网球文化，有效促进校园网球的推广和发展。

高校开展网球运动项目具有重要的意义，但在网球教学过程中，仍然存在一些问题，比如网球场地资源开发、网球教学理念的转变、高校网球运动氛围的打造等。这就需要高校网球教师整合各类资源，提升课堂教学质量，注重学生综合素质的发展，努力激发学生的兴趣，以"学会、勤练、常赛"为重要着手点，加强网球文化宣传，营造校园网球运动氛围，进一步促进校园网球运动的发展，使得大学生能够享受网球运动，从而促进大学生身心健康发展。

第三节　高校体育教学——户外类运动

20 世纪后期，现代户外运动逐步兴起。随着人们休闲娱乐方式的转变和大众体育的发展，户外运动受到了人们的青睐，日益发展成为一项独立的体育运动。参加户外运动能够强身健体，释放压抑紧张的情绪，在大自然中，还能感受户外运动的魅力，构建人与人之间的信任、理解关系，加强团队合作。

一、高校皮划艇运动

（一）皮划艇运动的发展

因纽特人为了克服严寒的海水障碍，经过不断实践，发明了一种以兽骨为支架、外附海豹皮的小船，利用这种小船可以穿梭干岛屿和冰山之间，同时驾驶小船往返也是他们重要的生存技能。现代的皮艇正是起源于这种小船，顾名思义称之为皮艇（KAYAK）。印第安人生活在北美，相比因纽特人，印第安人更加幸运，北美拥有丰富的自然资源。印第安人砍伐巨大的树木，接着利用火烧的方式，挖空大树中间的部分，在里面做抛光，用其他的木材做桨，这样一艘木制小船就诞生了。木制小船可以在河流湖泊之间自由地穿梭，由此木制小船成为当时重要的交通工具之一，这就是现代皮划艇的前身。

皮划艇其实是两个项目：皮艇和划艇。现代皮划艇运动起源于欧洲，1865年，皮划艇运动得到大规模发展。约翰·麦格雷戈是英国一名律师，他制造了一艘划艇，将其命名为罗布·罗伊。约翰·麦格雷戈划着这艘划艇游历了整个欧洲、斯堪的纳维亚和圣地，还做了详细的记录。约翰还成立了罗亚尔划艇俱乐部。经过 3 年的发展，喜爱划艇运动的人逐日剧增。在泰晤士河道内挤满了各种类型的划艇。1871 年，在美国现在的圣乔治斯塔滕岛首次建立起一个划艇运动俱乐部。1880 年，美国划艇协会在纽约乔治湖成立。随后。加拿大成立了划艇协会。几乎与此同时，英国的划艇协会即现在的英国划艇联合会也诞生了。

19 世纪后期，皮划艇运动从英国向全球发展，盛行于欧美各个国家，成为一项人人热爱的体育赛事活动。1924 年，由丹麦、瑞典、法国和奥地利发起的国际划艇联合会在丹麦首都哥本哈根成立。1924 年，第八届奥运会期间，举办了划艇表演赛。1936 年第 11 届奥运会，皮划艇开始被列为奥运会正式比赛项目，共进行了 9 项比赛。此后，由于皮划艇项目不断的发展，出现许多不同形式的竞赛项目。发展到今天，共设有 12 个项目。

20 世纪 30 年代中期，皮划艇运动传入亚洲。当时在广州珠江就有人划皮划艇，而在我国最早仅仅作为个别人的娱乐活动。1957 年，北京、上海、哈尔滨、武汉、杭州、广州、合肥等地陆续开展皮划艇运动。1974 年，中国参加了国际划艇联合会。1975—1980 年，中国先后 5 次参加世界皮划艇锦标赛和一些国际性比赛。我国的大众皮划艇项目发展是比较缓慢的。皮划艇发展的方向主要是奥运会的竞技体育，主要目的是获取名次和奖牌。群众参与皮划艇的欲望不强烈，皮划艇运动开展的地区也很少。在欧美国家，广大民众非常喜爱皮划艇运动项目，拥有广泛的群众基础，已经发展成为一种全民参与的休闲文化，使得皮划艇体育项目得到很好的传承和发展。大众在进行户外体育休闲运动时，常常选择皮划艇运动，是休闲体育运动锻炼的重点项目。

（二）高校开展皮划艇运动的文化背景

皮划艇运动在中国的发展道路是竞技体育的道路，注重参加竞技比赛，主要为了获得奖牌。正如大家知道的一样，中国体育体制是举国体制，典型的奥运策略。在各级单位中，选拔出高水平的运动队，然后组建国家队，主要是为了在赛场上争金夺银。皮划艇运动在我国受国家体育总局水上运动管理中心管理。美国的皮划艇协会面向民众开放，主要目标是培养民众的运动爱好，给予民众一系列比较专业的指导，在民众间推广和普及皮划艇运动。在美国，皮划艇运动更加地大众化和娱乐化，主要是国民大众的休闲健身行为。

年轻人比较青睐和追捧皮划艇运动，这是因为皮划艇颇为惊险刺激，并且易于推广，具有很高的商业价值。皮划艇是一项大众自发组织的休闲健身活动。在高校内同样适合开展皮划艇运动。皮划艇具有自身的特点，更加强调团队协作和勤奋进取，皮划艇运动的魅力也正在于此。学校承担着传承休闲体育文化的重要使命，这项以西方文化为背景的皮划艇休闲运动项目引进各个高校有着重要的意义。大众逐渐被皮划艇独特的魅力所吸引，进而加入皮划艇运动的队伍。现阶段，中国许多知名大学都设有皮划艇运动项目，各学校以皮划艇竞赛为媒介，推动着皮划艇项目在中国的发展。

（三）高校开展皮划艇运动的意义

促进学生身心健康发展是当代大学体育教育的主要目标，"健康第一"是当代大学体育教育的指导思想。现阶段大学生运动锻炼更加看重运动中的快乐体验。在愉快的运动锻炼中，大学生形成良好的体育运动习惯，促进大学生综合素质的发展。同时充分利用课余时间开展体育活动，有助于促进校园健康体育文化的发展，营造轻松愉快的体育氛围。新的大学体育课程带来了多方面的改变，创新了体育教育方式，丰富了现行的体育教学内容，教学评价更加多维。在教学改革与课程设置形式上推陈出新，关注学生体育课堂中的兴趣培养、意识形成、娱乐身心等多方向发展，使学生能够积极主动地参与到体育活动中来。熟练掌握自己所喜爱的运动项目技能，能够进一步增强休闲体育运动项目的影响力。作为休闲体育文化的皮划艇运动，它的适应性是比较强的，能很好地与校园体育文化进行融合，进一步丰富校园体育项目，进而实现学校体育目标，还能丰富大学生的课余生活，培养终身体育的意识。

皮划艇运动能够有效训练速度和耐力，帮助人们强身健体。长期参加皮划艇运动能够增强血红细胞的携氧能力、肌体的抵抗缺氧能力，强化心血管系统和呼吸系统功能，进而发展全身运动系统。皮划艇运动有着独特的技术特点，划皮划艇能够锻炼肩部、腰部、臀部的肌肉，使得这部分肌肉的神经控制能力增强，提升肌肉群的协调能力。在进行皮划艇运动时，需要锻炼平衡和行进的技巧，同时在皮划艇上倒转翻身的技巧也很重要，翻身技巧与人体的灵敏和平衡素质有关。

皮划艇属于水上项目，在水上运动不容易损伤皮肤。在之前的学校体育中，体育的教学内容主要是为了参加比赛，竞技化特点比较明显，以往的体育教学采用单一的练习方法，让人感觉很枯燥，学生在学习的过程中会产生比较大的心理压力，大学体育主要是为了促进学生的身心发展，固化的教学方式明显不符合大学体育的教学目标。现阶段，体育教育的指导思想是"健康第一"，主张教学过程的体验性和乐趣性，快乐教育是其教学的中心思想。这就要求高校要选择适合大学生身心发展特点的运动项目。皮划艇就比较合适，因为皮划艇运动量适中，对身体不会产生过大的压力，还能调节身体机能，学生在练习皮划艇的过程中会释放压抑的情绪，进而愉悦自身心情，从某种程度上能够促进学生的身体健康。

皮划艇是在水上进行的体育项目，刚开始练习皮划艇的人技术肯定不是很熟练，很有可能会发生呛水的情况，这是难免的，进行水上练习肯定会经历这种比较艰难的过程，初学者一定要做好准备，确保坚持下去。

皮划艇运动符合力学原理。刚接触皮划艇的人需要先了解相关的基础知识，比如人体解剖学、运动生理学、生物力学等，这些学科具备很强的科学性。皮划艇的技术动作是有一定难度的，如果练习者在练习的过程中能够掌握人体力学发力原理，了解相关的知识，就能使训练事半功倍。

（四）开展皮划艇运动所需基础设施

1. 开展皮划艇所需的经费

在户外运动品牌的展销会上或者是在水中运动器械的展销会上，经常能见到皮划艇。皮划艇根据材质的不同划分为不同的类别，价格方面也有很大的差异，最低的几百元，贵的上千元。在价格方面有很多的选择空间。皮划艇的全套设备由艇、桨、皮裙、头盔等构成，人民币的价钱约为 1500 元。皮划艇运动设备的材质主要是玻璃钢，这种材质比较结实，不易损坏，能长久地使用下去，由此看来，皮划艇运动这种休闲方式还是比较经济的。

2. 开展皮划艇所需自然环境

我们知道，在水上进行运动需要一定的基础设施条件、必要的人才条件，除此之外，水上运动还会受到水文气象条件的影响，不仅如此，生态环境条件也会对水上运动造成影响。开展水上运动，江河、湖泊是必不可少的，没有水谈何水上运动。而且开展水上运动对水也有明确的要求，首先水流不能太急，如果有静水那就最好了。此外，开展水上运动，还需要在训练场所内设置相应的固定船只的码头，建设相应的训练基地。码头和训练基地是水上运动场地设施最基本的构成元素。

一般来说，在高校开展皮划艇运动会选择高校的游泳池，游泳池从某种意义上来说就属于静水的条件，在游泳池进行水上运动非常便于组织教学，在教学过程中如果遇到了突发情况，也方便及时进行处理，这样一来，就能降低野外训练的风险，保障训练的安全性。在游泳池开展皮划艇训练能够有效提升学生的技术水平，使得学生能够掌握皮划艇专项技术。

现阶段，高校皮划艇运动还存在一定的问题，但是皮划艇在中国高校还是有很大的发展空间的，作为休闲运动的皮划艇，在高校发展的模式更加多元化，发展势头也更加迅猛。高校加强自身建设能为高校皮划艇运动带来新的发展机遇，高校皮划艇运动越来越向国际化方向迈进。

二、高校龙舟运动

（一）高校龙舟运动传承与发展概况

1. 起源与发展

20 世纪 80 年代，高校逐步引进龙舟比赛项目，最先开始的学校是天津的两所大学。当时天津市政府为了庆祝"引滦入津"5 周年，举办龙舟邀请赛，其中天津的两所大学首次代表高校队伍参加比赛，从这开始，我国高校龙舟运动逐步发展起来了[①]。

龙舟运动在高校发展迅猛，越来越多的高校组建了龙舟队、开展龙舟比赛，使得龙舟比赛的流程逐步完善，参加龙舟比赛的高校越来越多，推动了高校龙舟竞渡项目的发展。现阶段，高校龙舟项目还存在一些问题，例如，龙舟训练场地不足、相关训练经费紧张、缺乏教练运动员等人才、学生龙舟训练与学习之间存在矛盾、长久发展的理念不明晰等，这些因素明显阻碍了龙舟竞渡在高校的快速

---

① 平越，孔庆涛. 我国高校龙舟运动发展现状与对策研究 [J]. 上海第二工业大学学报，2010，27（04）：326-330.

发展。

2. 制约因素

龙舟竞渡项目可以说是我国传统民俗体育的典型代表，拥有很多优势条件，但在实际发展过程中仍然存在着诸多问题，比如文化传承效果不理想、龙舟实际训练的成果不显著等。基于此，要想促进龙舟竞渡项目的持续发展，就需要正确对待龙舟竞渡项目在现代化传承与发展中的问题，不断创新传承方式，以适应新时代发展要求。影响高校龙舟项目发展的主观因素主要是文化入侵带来的负面效应。随着互联网的深入发展，信息变得更加的多元化，人们对中华优秀传统文化的认同感和敬畏感逐步降低，传承和发展中华优秀传统文化的意识越来越淡薄，使得文化内涵的质量标准越来越低。不仅有主观因素的影响，不合理的机制、模式等客观因素也阻碍了龙舟运动的持续发展。现阶段，高校内龙舟运动员在训练的过程中还存在着一些问题，比如高校教练员的综合素养不过关，难以将理论知识和实际训练情况结合起来。大学生是不同于专业运动员的群体，其训练方式理应区别于专业运动员，但实际训练过程中，很难采用符合大学生特点的训练模式，训练时不能做到有侧重性的调整，也没有采取更加合适的训练方法。当前我国对高校大学生龙舟运动员体能的研究比较少，尚未构建完整的研究体系，评价指标尚不完善，难以达成更高的训练目标。

（二）高校龙舟课程的实施方案

以高校人才培养目标为重要的参考依据，龙舟课程实施方案需要兼顾以下几方面：

（1）选择合适的龙舟运动专业教材以及科学的课程教学方法，制定相关的龙舟课程标准，科学规划教学课时，合理推进授课计划。

（2）选择龙舟课程期末考试内容，制定科学合理的技术评分细则，完成培养目标，科学、规范、特色化地进行期末考核。

（3）加强龙舟课程专业教师团队建设，提升课堂教学质量，给予学生专业化的训练和指导。

（4）教学过程中要充分发挥龙舟团队的合作精神，创新教学手段，进而提高教学效果。

（5）及时监督和评价课程体系，及时解决教学中的问题。

（三）龙舟课程体系构建的策略

龙舟项目是一项水上运动的项目，毫无疑问，教学和训练的主场地是水上。在水上进行运动面临着很大的风险，所以必须制定和执行《龙舟课程安全应急预案》，要特别重视安全防范工作。

第一，要求教师具备一定的安全观念，在备课时，充分考虑安全措施，上课时认真落实这些安全措施。

第二，及时检查学生的健康状况，如果学生身体出现不舒服的情况，或者有不适宜运动的疾病，不允许上船。在教学过程中，教师必须随时观察学生的身体状况和心理状况。

第三，对学生进行安全知识教育，上船的学生必须穿好救生衣，准备好相应的救护工具。让学生了解一些紧急的水上救护知识，在课下多进行游泳训练。

第四，制定相关的规则约束学生在龙舟上的行为，对学生的活动范围做出明确要求。

第五，教师在班级内培养一定数量的救生员，负责处理教学过程中的突发的安全事件。

龙舟教学团队要及时就课程教学的分工和配合情况进行会议讨论，针对教学中的问题进行协商处理，积极引进年轻的专业教师加入龙舟教师队伍。高校可以邀请龙舟资深教练来校举办讲座或是交流会，讲座内容主要为龙舟技战术等。高校还可以选派优秀的和有发展潜力的龙舟教练员参加培训，与全国高校的同行进行交流和学习，提升龙舟教师和教练员的综合素质，进一步提升教学效果。

（四）高校龙舟课程体系的发展

1. 建立多元化的资金来源保障

龙舟运动是多人进行的集体项目，开展龙舟运动耗资巨大，如果只由学校来承担的话，会给学校的资金造成很大压力，这就需要转变学校经费支持为主的生存方式，建立多元化的资金来源保障：

第一，加强学校与地方政府的合作，使地方政府能够支持学校举办龙舟项目，并给予一定的经费支持。

第二，加强学校与社会团体的合作。比如在组织龙舟赛的过程中，争取获得社会团体的支持，这样能够更好地训练参赛队伍，还能获得社会团体的资金投入和其他便利条件。

第三，加强学校和企业的合作，通过开展龙舟课程，促进龙舟运动队的发展，提高龙舟队伍的竞技水平，从而取得更好的比赛成绩。这样能够提高社会知名度，寻求企业赞助，反馈于龙舟课程体系的完善，实现校企互利共赢的局面，促进龙舟运动在学校中的可持续发展。

2. 塑造龙舟运动品牌

高校龙舟队应该积极主动地参加中国龙舟大赛、中华龙舟大奖赛等比赛，并以此为契机，加强与各高校的交流与学习，探讨龙舟文化育人的作用、龙舟队员的选择、龙舟训练体系的完善等。还可以开展龙舟校际邀请赛，宣传校园龙舟文化，塑造龙舟运动品牌。

3. 加强龙舟师资的培养

进一步完善龙舟师资的培养制度，加强龙舟师资的培养。将引进来和走出去相结合，邀请龙舟资深专家来校举办讲座，培训龙舟竞技技术，同时不断引进龙舟专业教师，将有潜力的现有龙舟师资派出去参加学习和交流，提升高校龙舟师资的综合素质。

4. 完善激励措施制度

目前，在开展龙舟运动过程中，存在着激励不足和学训矛盾的问题。针对这种情况，高校应加强推广龙舟运动的力度，更加关注龙舟运动的发展，推进教务管理机构与各二级学院等相关部门的沟通合作，完善激励措施制度，进一步激发学生选择龙舟课程的积极性，鼓励学生进行龙舟竞赛，使得学生和运动员能够全身心地投入到龙舟训练中，保障龙舟课程体系的发展。

高校开展龙舟运动有着积极的意义，能够很大程度上提升学生的身体素质，强化学生不怕吃苦、团结协作的精神，还能提高学校在社会上的知名度。合理的龙舟课程体系能够保障高校龙舟项目的健康发展。在构建龙舟课程体系的过程中毫无疑问会遇到困难和挑战，要善于总结经验教训，推动课程体系的完善。

三、高校定向运动

（一）定向运动教学的应用

1.定向运动的特点

早期的定向运动是瑞典国家的军事体育活动。对于定向运动的理解就是按照组织者规划的顺序，利用指北针和地图等工具，到访地图上指示的各个点标，到达点标处用时最少的人获得胜利。开展定向运动的场地一般是城市公园、郊外或者森林，在大学校园里也可以进行定向运动。可以说定向运动是一项非常健康的智慧型体育项目，这是因为定向运动是对智力和体力的考验。在高校开展定向运动，能够增强学生的身体素质，也能培养学生独立思考、独立解决困难的能力。不仅如此，定向运动还考察人在体力和智力受到压力的情况下迅速做出反应的能力和果断决定的能力，在普通高校体育教学、社会体育、体育休闲和素质教育等多方面，定向运动发挥着重要的作用。

2.定向运动教学顺序

教学方法的选择和应用深受教学顺序的影响。即使教学内容相同，由不同的教师针对不同的班级进行授课，所采取的教学方法也会有很大的差别。在户外运动课程中，定向运动只有 4 个学时，即两次课。详细的教学顺序如表 6-3-1 所示。

表 6-3-1　定向运动教学顺序一览表

课次	教学顺序
第一次课	1.定向运动概述；定向越野的概念和简史 2.定向运动课程要求：安全 3.地图的识别和使用：地图符号（地物、地貌）、比例尺、磁北线、指北针和比赛路线
第二次课	校园定向积分赛体验

定向运动教学方法的应用具体是通过以下教学步骤：

第一步，教师通过讲解相关内容、示范相关行为，或者利用互联网进行相关演示，使学生了解定向运动的概念，了解其发展过程；明白定向运动课程的要求，掌握地图识别的方法和要领，能够了解到定向运动在生活、学习和工作中发挥的重要作用，激发学生学习定向运动内在的积极性。

第二步，结合教师的讲解、示范以及演示的内容，学生进一步认识各地图符号所指代的实物，了解比例尺和磁北线的识别方法和技巧。通过学习，学生能够掌握指北针的使用方法，能通过看图、读图选择出最佳的比赛路线。教师讲解完之后，将学生划分为小组，分发相应的工具和器材，让学生和小组成员商讨具体的操作细节，按照地图的指示，找到点标所指代的位置。

第三步，进行体验教学，在复杂的校园内开展定向积分体验赛，让教学充满乐趣，让学生在探索中掌握复杂的知识点，在系统的比赛中掌握方法和技巧。教师需要把全班划分为三个小组，各小组拿着校园地图和指北针参加校园定向积分赛，完成相关任务，在指定地点进行集体合影以确认抵达。刚开始，只在田径场设置 8 个简单的点标，先让学生熟悉一下定向运动的比赛模式，熟悉完之后给各组一些时间讨论：在比赛过程中应注意哪些问题，哪些经验比较适用于比赛。然后再进行正式的比赛，地图上的点标明显会增多，增至 32 个。整个校园都是比赛的场地，地图上标示的路线不仅长而且比较复杂，里面标示着很多的点标，而且比较隐蔽，这给定向运动增加了一些难度，同时也增加了参赛者的运动量。定向运动的教学顺序和教学步骤符合教学规律，遵循了由浅到深、先易后难，由简单到复杂，由分解到完整的教学逻辑。这种循序渐进的教学策略有助于学生深入参与定向运动。

（二）定向运动教学重难点

地图是定向运动比赛信息的主要来源，这就要求学生能够熟练地识别和使用地图，保持清醒的大脑，找准点标及其相对应的实物，在地图上选择出最合理、距离最短的路线，规划路线是非常重要的，合理的路线能够帮助学生避开途中的障碍，降低比赛的难度，缩短比赛的时间。这样看来，识别和使用地图无疑是定向运动教学的重要内容，学生在学习这部分内容时，需要理清地图符号、比例尺和磁北线提供的信息与实物之间的关系。定向运动教学最复杂也最困难的环节就是体验校园定向积分赛，这是学生将其所学的知识、技能在实践中进行应用的具体体现。教师在教学时，需要注意培养学生动脑思考、动手操作的能力，指导各小组成员相互合作、相互帮助、共同完成任务，以最优的路线、最快的速度到达目的地。接下来，详细论述在体验赛环节易犯错误及其纠正方法。

（1）迷失方向。纠正方法：利用指北针来确定方向，水平放置指北针，使得环外北方零刻度与环内的指针指示北方的位置重叠，这是指北针的归零操作。根据所在地的情况适当调整磁偏角度，确定好指北针所指定的地方之后，将其放置在地图上，让地图上指北线指示的方向与指北针所指的方向保持一致，此时就能确定北方，从而就可以辨明方向。

（2）迷失路线。纠正方法：先利用指北针和指北线确定自己的方位，观察周围显眼的参照物，并在地图上找到参照物的位置，以及下一个点标的位置，在地图上确定好自己要走的路线，观察路线上明显的标志物，利用比例尺，计算相邻两个参照物之间的距离，最后按照地图的指示，沿着标志物到达下一个点标，根据自己行进的路线，随时对应地图上相应的位置。

（3）漏掉点标。纠正方法：将地图上的路线在头脑中复刻，明确相邻两点之间的标志物，到达一个点标后就在地图上标示，接着再看到达下一个点标的路线。

（三）定向运动教学注意事项

（1）着装。开展定向运动会进行长时间的走路、跑步，运动装是必需的，既要考虑保暖防风的需求，又要考虑运动后出汗方便穿脱。运动鞋便于步行，选择的鞋子既要舒适合脚，在运动中又不能累脚。对于参赛的学生来说，男生不能穿皮鞋，女生不能穿高跟鞋。

（2）身体状况。部分学生患有心脏病、冠心病、哮喘等相关疾病，这样的情况必须和老师提前说明，教师再根据具体情况合理安排教学内容。

（3）天气（湿地）。注意天气状况，雨天及时带好雨具，炎热天气需要做好防晒防暑工作。

（4）跑步方式。运动中的跑步方式是非常重要的，注意调整呼吸的方式，控制跑步的速度。均匀呼吸，必要时进行深呼吸。跑步速度不要一会儿慢一会儿快，控制好自己的节奏，尽量保持匀速，在整个跑步过程中维持一种自然、放松、协调的姿态。

（5）团队协作，在组长的领导下，小组成员要有组织、有纪律，发挥团队合作的作用，相互帮助，共同克服困难，共同完成任务。

（6）安全。在运动过程中要注意自身安全，注意避让车辆，不去地图上标示的危险区。

（7）环保。运动时在人行道上穿梭，不能践踏草坪，不能在途中遗落、丢弃垃圾，不要破坏沿路的公共设施。

四、高校野外生存教育

（一）高校开展野外生存教育的意义

1. 体现现代化的教育理念

为了更好地顺应社会和时代的发展，现阶段各高校教育正在如火如荼地进行改革。在这种社会背景下，以现代教学为着力点，树立以人为本的教育观，坚持"健康第一"的指导思想，构建现代化教育课程体系，培育现代化的教育理念，充分分析学生的个性特点，激发学生学习的主动性，让学生更自由、更积极地参与学习，充分调动学生的内驱力，进行自我教育和提升。在高校体育教学过程中，会涉及野外生存教育，在自然的状态下，获取生存体验，加强学生对自我和对事物的客观认识，保持对大自然的敬畏之心，激发学生对生存的渴望，自主地去适应自然环境，努力在自然中生存。野外生存教育具备丰富实用的教学内容，通过解决生存中的问题，提高学生思考的能力。同时因为其贴近生活的特点，能够激发学生参与的热情，在热烈的氛围中促进师生关系的融洽，提升学生交际能力。

2. 符合高校体育改革趋势

现阶段的高校体育教育存在诸多问题，比如教育理念陈旧，教育内容比较落后，教育手段单一等等，导致很多学生缺乏学习体育的积极性，高校体育实质性的教育意义缺乏。再加上，高校体育教学内容与初、高中教学内容类似，没有太多创新之处，难以适应现代体育教育的需求。像田径运动、球类、武术、舞蹈、游泳等传统体育内容形式单一，不能发挥其教育引导的作用，致使学生学习的热情不高。教育改革要求高校体育教学要符合学生发展的特点，创新教学内容，丰富教学手段，全方面培养学生的综合素质。现代的大学生，思想越来越成熟，在体育教学内容的选择上更加的多元化，传统的体育教学内容已经难以适应现代年轻群体的需求。传统的体育教育对大学生的培养效果不明显。现代的大学生更加追求刺激、时尚和新型运动，而野外生存教育正好契合大学生的需求，符合大学生的发展特点。野外生存教育包含多元化的活动内容，比如野炊、露营、涉水、觅食、攀岩、负重前行、觅水等，能够更加全面地训练学生，使学生各个体能感官都被调动起来，充分锻炼学生的体能、思维和情感。野外生存教育一方面丰富了高校体育教育的内容；另一方面实现了高校体育的育人功能。

3. 满足大学生身心发展需求

信息社会的深入发展，多元文化日益盛行，深刻影响了大学生的身心和思维发展，使得现代大学生的心智普遍早熟，传统的教育形式难以适应现代大学生多元化的需求。野外生存教育对于现代大学生来说属于新鲜事物，能够激发大学生探求和学习的欲望，学生参与野外生存教育能够体验到不一样的刺激和乐趣，没有信息化和商业化的干扰，在纯自然的环境中，释放自己内心的情绪，使心灵得到净化。同时野外生存教育是多人协作的项目，需要小组成员团结合作、共同克服困难完成任务，在克服困难的过程中能够锻炼学生顽强拼搏的意志品质，在团队合作中能够锻炼学生交际能力，让内向的人有更多的机会参与沟通交流。在野外生存教育中还加入了很多军训的内容，比如穿越丛林、负重前行、丛林探险等项目，通过锻炼能够强身健体，增强身体素质，全面提升学生的综合能力，帮助其更好地成长。

（二）高校野外生存教育实施

1. 需要制订科学性教育计划

高等体育教育的创新性举措就是野外生存教育，在实施野外生存教育前，最重要的是制定科学性的教育计划，在教育计划中需要详细列出训练的内容、活动进行的时间等。同时在制定教育计划时，要考虑教育的目的和策略等，怎样将这些要素融入野外生存教育活动中，怎样能够高效地实施野外生存教育，野外生存教育的评价指标包括哪些内容。

2. 需要提高教育指导者的能力

制定了合理的野外生存教育计划之后，接下来就是有组织、有纪律地实施。良好的野外生存能力和丰富的经验是相关维护者所必须具备的素质，能够维护和管理野外生存教育活动。在野外生存教育活动开展的过程中，需要选择合适的野外生存环境，同时制定相关的方案路线，合理规划人员配置，妥善处理通报情况、财务管理和物资管理，做好医疗安全保障工作，保障顺利开展野外生存活动，有效培养学生能力。

3. 做好野外生存安全保卫工作

安全性是计划开展必须要考虑的因素，在野外生存教育活动中不可避免地要考虑到安全性的问题。提前做好安全规划，做好严格的准备工作，比如携带安全防护工具，包括攀岩的安全绳、安全头盔，防护手套等。另外，安全的饮用水、食物、通信设备是必不可少的，确保能够解决安全性的问题。在野外生存过程中，还可能会遇到自然灾害，因此携带医疗救护品也是很关键的，能够简单处理轻伤。还需要注意的一点是，野外生存活动中携带的刀具、火源，应该制定安全使用标准，在保证安全的前提下，注意保护环境。

五、高校户外拓展训练

（一）户外拓展训练在体育教学中的价值

1. 有助于体育教学资源的丰富

相比于广阔的自然世界以及社会体育事业，学校的体育教育资源明显有限，学校体育教育根据教学任务设立教学目标，在教学资源和教学形式方面，存在明显的不足。在教学资源有限的情况下，我们的体育教学只能够达到某一方面的体育教学目标，难以全面提升学生的能力。以单杠、哑铃等这些基础体育教学器械为例进行分析，这些器械只能锻炼学生臂膀、胸部肌肉等部分身体部位，不能全面锻炼和提升学生的素养，如果想要锻炼腰腹部和腿部，还需要其他器械的辅助。而且这种体育锻炼的形式比较枯燥单一，很容易消磨学生学习的主动性，不利于体育教学的可持续发展。户外训练依靠自然环境，具有多样性的特点，同时，户外体育教学资源非常丰富，例如户外铁人三项、登山、越野跑等项目，能够全面锻炼学生的身心，提升学生的综合素质，充分发挥体育课程的健身育人功能。在传统体育项目中加入太极拳、武术等，既能丰富高校体育教学内容，拓展体育教学资源，还能激发学生参与户外体育项目的热情，在运动中体会学习的乐趣，符合学生体育学习的需求。

2.有助于学生终身体育意识的培育

体育锻炼、体育学习的价值蕴含在学生的大学学习生活当中，其次体育具有健身价值、休闲娱乐价值，掌握体育理论知识、学会体育运动技巧、懂得体育运动损伤防护知识等将让我们终身受益。高校面向学生开展的课堂体育理论教学和技能实践教学，依据学生的成绩评价教学过程，在一定程度上促进了学生体育学习的系统化和专业化发展，但其局限性也很明显，容易导致体育教学陷入"学术"性的境地，不符合体育教学的目标，难以有效提升学生的体育素养。

高校体育教学加入户外拓展训练，有效拓展了高校体育教学的项目内容，满足了学生多样化的体育需求。学生在户外拓展训练过程中能够体会运动的乐趣，在运动中释放压抑的情绪，保持心态的放松和自由，在体育运动中使身心得到净化。此外，户外拓展训练还能改善体育教学形式枯燥、单一的现状，提升学生参与体育锻炼的积极性，培养学生良好的体育运动习惯，来实现促进学生终身体育意识的培育。

（二）户外拓展训练在高校体育教学中的具体实施策略

1.加强重视

校领导直接制定高校教育教学发展规划，引导高校的教育教学管理工作的开展，因此，提升高校领导对户外拓展训练的重视程度是非常重要的，使校领导深刻认识到户外拓展训练的重要意义，有助于推动新时期高校体育教学的创新改革。户外拓展训练具有多方面的优势，开展户外拓展训练能够培养学生团结协作的能力、顽强拼搏的意志品质、沟通交流的能力以及良好的生活习惯等。通过户外拓展训练能够放松学生的身心，实现体育育人的价值。高校体育教学中融入户外拓展训练，非常有助于提升学生的综合素质。学校领导是开展户外体育拓展训练的坚实后盾，科学的领导和指挥能够推动户外拓展训练的有序实施。

2.增加投入

除了学校领导的重视，充足的教育资源投入也是保障户外拓展训练有序实施的重要因素。因此，学校领导不仅要科学规划和配置有限的教育教学资源，还应当合理地增加户外拓展训练的投资比例，积极拓展教育经费的来源，保障户外拓展训练的有序开展。一方面，可以通过向当地教育部门申请专项活动经费的形式，来获取部分户外拓展训练专项经费；另一方面，还可以充分利用校企联合教学模式的优势，加强学校与企业的合作，共同举办规模性的户外拓展训练营，给予企业一定的冠名权，获取企业的财力支持。除此之外，引导企业参与户外拓展训练还可以带动社会专业户外体育运动人士积极参与进来，进一步扩充高校户外拓展训练师资队伍。

3. 完善教学管理

完善教学管理主要从三方面入手：①充分考察高校周边现有体育训练资源，设置训练项目和内容，充分利用高校内部以及高校周边的体育教学资源；②选择合适的户外拓展训练项目，既要符合学生的发展特点，又要满足高校体育教学的需求，能够充分训练学生的身体素质，并且风险较低、安全系数高、可控性强；③加强实施管理。要想综合管理拓展训练实施情况，专业化的管理机构是必不可少的，通过专门机构的管理，能够控制经费和设施投入的经费比例，监督训练实施过程，保障户外拓展训练长期有效开展。

第四节　高校体育教学——其他类运动

一、高校体操运动

（一）我国高校体操教学的现状

体操在体育运动中有着比较高的地位，被称为体育之父。体操训练能够促进青少年身体发育，提高身体协调能力。而体操课程一直都是我国高校体育教育的重要组成部分。在学校体育教育中，需要加强宣传和普及体操运动的力度，这样才能在学生脑海中形成体操锻炼的意识，养成体操锻炼的良好习惯。不仅如此，社会范围内，也要重视体操运动，加深对体操运动的认识，进一步促进竞技体育的发展。与此同时，体操运动还能促进学生身心素质的发展。

因为各方面原因，目前我国高校体操教学还存在诸多问题，主要表现为以下几点：首先，从学生角度分析，学生对于体操运动的认知太过片面和狭隘，认为体操只是一项竞技运动，进行体操训练目的是在奥运会上夺取奖牌，为国争光，由此认为体操是一项难度特别大、危险性特别高、训练特别艰苦的运动项目，学生往往因为畏难情绪而不愿意参加体操锻炼；其次，从教学环境角度分析，现阶段的体操教学环境依然不容乐观，存在教学方法单一、学生学习和训练的积极性不足、教学内容与学生生活相脱节等问题，由此导致体操运动尚未完全发挥健身育人的作用。在体操教学过程中，过分强调技术和技能的学习，忽视了学生兴趣和习惯的培养，学生主动学习体操的积极性不高。

（二）高校体操教学过程中存在的主要问题

1.体操教学目标不够明确

目前的高校体育教师大多重视体操技术和技能的训练，忽视向学生传授体操理论知识，不利于学生终身体育意识的培养，易导致两方面的结果：一方面，学生对体操运动的了解和认识不够深刻，尚未养成终身体育意识，不能深刻认识到体育所发挥的重要作用；另一方面，学生掌握的体操理论知识不够扎实，不符合现阶段我国高校体育教学的目标。不仅如此，高校体育教师在制订教学计划时，没有充分考虑大学生群体的特点，其教学目标设定与大学生体育基础和学习水平不相符，导致在实际的教学过程中，部分学生难以跟上教学进度，使得学生的自信心严重受挫，不再愿意参加体育运动。这就要求体育教师在设定教学目标时，充分考虑学生的实际情况，制定的教学目标不能太高，超过学生的体育基础，打击学生学习的积极性；也不能太低，毫无学习难度，同样也会使学生失去学习的兴趣。

2.体操教学内容不够科学

现阶段，我国高校体操教学内容主要是竞技性比较强的内容，这样的内容比较枯燥，缺乏趣味性，学生学习的兴趣也不高。而且，高校体操教学内容中，体操理论知识比较少，教师大多重视技术和技能的训练，这样一来，学生掌握的理论知识就比较少，对体操基本知识的了解不够深入，大学生在体操训练中难以将体操理论知识和实践技能相结合。不仅如此，在体操教学过程中，体育教师缺乏创新能力，不能将体操运动的优势充分发挥出来，如此一来，学生学习体操的热情也不高，盲目跟着教师学习，没有发挥自身主动性，导致体操技能的教学效果并不明显。

3. 体操教学方法单一乏味

如今在我国高校体育教学中，教师大多采用的仍是传统的灌输式教学方法，传统教学方法主要是讲解示范，然后重复训练，整个教学过程比较枯燥。学生在此过程中难以发挥主观性，只是被动地模仿和机械地重复，学习的热情也不高。教师只单方面地向学生教授体操理论知识和动作技术，教学时没有发挥学生的主体作用，整个教学过程互动很少，没有沟通交流，教师很难掌握学生学习情况，不能及时发现学生学习过程中的问题，更谈不上及时纠正问题。而学生只是被动地学习，这种教学模式难以培养学生的创新能力，不能促进学生全面发展。再加上高校体育教师不熟悉当前新型的体育教学方法，比如分层教学法、多媒体教学法、微课程教学法等，使得教学过程单调、乏味、毫无乐趣，教学效果很难得到有效提升。

（三）高校体操教学的改进措施

1. 合理制定体操教学目标

设定合理的教学目标在教学过程中是非常重要的，在体操教学中也是如此。这就需要体育教师在设定教学目标时充分考虑学生的具体情况，设定的教学目标要有针对性，为大学生的学习提供前进的方向。不仅如此，在设定教学目标之前，体育教师可以和学生进行沟通交流，听取学生的意见和建议，在充分考虑学生体育能力、身心发展需求的基础上，制定出符合教学实际的教学目标。总之，制定体操教学目标不是一蹴而就的事情，需要考虑多方面的因素，一方面，体育教师要掌握学生学习体操运动的具体情况，另一方面，重视对学生体操基础理论知识的传授。此外，培养学生的体操兴趣和自信心也是教师制定教学目标需要重点考量的因素。

2. 完善体操教学内容

创新能力也是体操教师需要具备的素质，体育教师需要创新和完善教学内容，使得体操教学内容充满趣味性和新颖性，转变以往体操教学内容单一、枯燥的状况，这样才能激发学生学习体操运动的积极性。这就要求体育教师在规划体操教学内容时，必须充分考虑教学的具体情况，设立合理的教学发展目标，以促进学生身心发展为最终的教学目的。举例来说，高校可以邀请体操专家来校讲座，或是邀请专业体操运动员来校开展交流会等，拓展教学内容。不仅如此，体育教师还可以鼓励学生参加体操教学活动，使得体操知识结构更加完善。

3. 创新综合应用体操教学方法

在实际的体操教学过程中，体育教师需要转变传统的教学观念，积极采用新型的、学生感兴趣的体操教学方法，培养学生学习体操的兴趣，营造良好的学习氛围。例如，分层教学法就是一种很好的教学手段，充分考虑了不同学生的不同体育能力，在满足学生身心发展需求的基础上，根据学生的学习水平进行分组，把能力相近的学生划分到一个组，能够做到有针对性地教学，使教学难度与学生的学习能力相符合，通过运用这种教学方法能够激发学生学习的兴趣，提高学生的自信心，保证教学效果。体育教师还可以采用合作教学法，针对某一知识点，引导学生积极参与讨论，在讨论过程中学生能够充分锻炼自己的思考能力和语言交际能力，还会加深对知识点的理解。

（四）"快乐体操" 新理念

上文我们已经分析了现阶段我国学校体操教学存在的一些问题，目前，转变学生对体操运动的认识，使学生更加积极主动参与体操运动，变被动学习为主动学习，是高校体操教学改革需要重点关注的。基于此，教育界提出了"快乐体操"的理念。"快乐体操"新理念就是让体操教学和训练过程变成一个"玩"的过程，在快乐的学习中完成体操内容。学生在这个过程中要学会建立目标，逐步掌握体操理论知识和动作技术。

具体分析"快乐体操"的内涵，则是在对传统体操教学和练习加以选择的基础上，让学生获得完成体操动作的愉悦心理感受和成功的躯体体验，激发学生的积极性，使学生对体操学习保持信心和热情。全民健身的重要内容就是"快乐体操"，对提升人的身体素质和心理素质有着积极的意义。从身体机能的角度而言，"快乐体操"既能增强身体素质，提升人体协调能力、平衡能力和灵活性，还能塑造人的形体；从精神层面而言，"快乐体操"能锻炼人机智果敢的性格，培养人顽强拼搏的意志品质。

在学校体育教学中，将体操运动的娱乐性展示出来是非常有必要的，有助于提升学生学习体育知识、参与体育锻炼的积极性，进一步促进体操运动的发展。

作为体育教学的主力，体育教师需要把握机遇，乘着国家推广"快乐体操"运动项目的东风，转变传统体操教学模式，激发学生参与体操学习的积极性，积极引进教学新方法和新的指导方式，让学生主动参与到体操学习中去。加快推进"快乐体操"进校园项目，创新体操运动发展的方式，进一步扩大体操人口基数，通过全民"快乐体操"，推动中国从"体育大国"走向"体育强国"。

（五）"快乐体操"理念下的训练方法

1. 创新教学内容与方法

"快乐体操"的理念深刻影响了高校体操课程的编排和设计，改变了以往只着眼于教学生完成大纲规定的体操动作的状况，在课程的编排和设计方面，更加尊重不同学生的个体差异，在有限的课时内对学生给予积极的指导，让学生能够体验学习体操的乐趣，感受到体育锻炼带来的积极影响，真正掌握体操运动的技能。具体来说，在"快乐体操"理念指导下对高校体操教学内容与方法的设计，可以从以下几个方面入手：

（1）运用多媒体教学手段

通过指导学生观看视频等多媒体手段，使学生加深对"快乐体操"理念的理解。一方面，在开展实践教学之前，进行多媒体教学，使学生在脑海中形成一个初步的、连贯的、完整的体操动作印象，做好实践的铺垫；另一方面，在开展了实践教学之后，指导学生观看练习视频，学生通过观看自己的体操动作，可以纠正自己的动作错误，改进技术，也可以增强成功的体验感。

（2）必要的理论课

体育理论知识在体育教学中是非常重要的，体操运动教学在进行技术训练的过程中也不能忽视理论教学。体育实践教学的必要前提就是安全性，理论课教学的目的必须包含以下两点：

第一，学会安全使用器材和场地。体操运动对器材和场地的依赖比较明显，体育器材拓展了学生体操训练课外活动内容，但同时也存在一定的安全隐患。对学生开展安全常识理论课教学是非常有必要的，能让学生正确地使用体操器材和场地，使体育器材的锻炼价值充分发挥出来，保障学生安全，避免出现安全事故。

第二，掌握基本的体操保护方法和帮助方法，学会自我保护，同时能够运用辅助性的保护方法帮助他人，使他人能够完成体操动作。这在体操动作的学习中是很有必要的，不仅可以减少不必要的运动损伤，保证练习者学习动作的安全，增强学生学习体操的信心，还能通过保护别人和帮助别人完成动作的过程，重新认识和学习动作，改进和完善自身的动作技术。

（3）善用语言艺术

一般来说，严肃、严厉的教练，其语言特点多为强制性。当运动员未完成指定的体操动作时，或者是运动员做的动作未能达到教练的要求时，教练可能会严厉批评运动员。运动员遭受批评后，可能会产生消极的情绪，甚至会放弃这项训练。在"快乐体操"的理念指导下，体育教师必须善于运用语言艺术，多使用夸奖的语言，让学生在"玩"中学习和掌握知识。当学生完成指定的体操动作之后，教师可以夸张的表情和肢体语言给予学生充分的肯定和鼓励，使学生建立起学习信心。

2. 构建高校体操训练新模式

（1）将"快乐体操"的理念融入高校体操训练中，根据学生的兴趣爱好制定体操教学内容，制定符合学生特点的教学大纲，按照"快乐体操"的标准和制度制定训练方案，这一训练方案要符合教学实际和学生具体情况，同时还要能够激发学生参与体操训练的积极性。

（2）建立以"快乐体操"为中心的高校体操俱乐部，俱乐部的负责人由有经验的老师和学生担任，积极宣传体操训练的价值，加深学生对"快乐体操"的了解和认识，转变学生对体操运动片面的认识，引发学生的兴趣，使更多学生加入"快乐体操"运动项目。

（3）逐步淡化体操运动的竞技性内容，解放单纯的学校体操教育，让体操运动向社会范围扩展，与社会体育中的体操活动的内容相融合，加强学校体操与社会体操的衔接，合理编排体操教学内容，不仅要适合学校阶段的体育锻炼，还要能够适应学生离开学校步入社会之后的生活，让"快乐体操"成为终身体育锻炼的项目。

（4）遵循"快乐体操"的发展思路，积极发现和找出学生体操学习的兴奋点，创新体操教学手段，充分激发学生的学习兴趣，让学生在"玩"中掌握体操知识和技能。首先，进一步加强教学的趣味性，丰富教学内容，转变单一的教学方式，让学生体会成功的快乐，在成功的体验中发掘学习的兴趣；其次，将情景教学法应用到教学过程中，多使用生活化的场景，将教学内容渗入模拟的生活场景中，加强学生的感性认知，激发学生学习的兴趣，让学生在情景中体会快乐；再次，体育训练应体现教育性，体育教学既涉及教又涉及学，注重学生和教师之间的双向沟通和交流，使学生在快乐的锻炼中掌握体操的知识技能，培养良好的思想品德；最后，体育训练应讲究实效性，在进行快乐锻炼时也要注重内在的"效益"，换句话说就是要注重提升体育教学质量。

"快乐体操"理念能够推动体操教学和训练方式的创新，提升体操教学成果，使学生充分发挥其主体性作用，推动高校体操运动的发展。"快乐体操"是新兴的运动理念，与传统竞技体操存在明显的区别，更加接近大众体操，更适合在社会范围内进行推广。国际体操委员会专门设有大众体操委员会和健美操委员会，他们对于大众体操、"快乐体操"的重视程度不亚于竞技体操。现阶段，体操工作者主要致力于利用健康娱乐的新理念来开展"快乐体操"，增强"快乐体操"在民众中的影响力和号召力。正确认识"快乐体操"的优势，能够根据国内目前的教学现状进行"快乐体操"课特色教学并使用多媒体教学的现代化技术。以上措施都将会使"快乐体操"得到更好的发展和普及，从而为竞技体操的发展打下坚实的基础，长远来看，也是推进全民健身和终身体育的有效途径。

二、高校武术运动

现代高校更加重视培养复合型人才，这是因为复合型人才更加适应社会的发展。所谓的培养复合型人才主要是指高校既重视培养学生的文化知识水平，也重视培养学生身体素质水平，所以说，未来的高校事业发展的重要关注点就是高校体育事业的发展。武术是中华民族传统体育项目，是进入高校较早的体育项目之一。国家体育总局和教育部对武术的发展给予了大力支持，武术项目的学科建设、教学方法和教学手段等各方面发展得比较成熟。将武术教育纳入高校体育教育范畴有助于推动高校体育事业的发展。

（一）武术教育在高校的发展现状

武术是一项中华民族传统体育项目，政府和相关部门极其重视武术的发展。

武术在历史的传承和发展中逐渐积累了坚实的群众基础。20 世纪 60 年代，学校教育开始引入武术项目，将之纳入学校教学大纲，全国学校根据实际情况逐步开展武术教学，自此，武术开始进入学校体育教育。1997 年，国家体育总局在制定的《中国武术段位制》中，对武术项目分类、晋级和考评标准均做出了明确的标识，至此武术项目的教学方式更加规范化。21 世纪，教育部将武术带入小学体育教学课堂，并印发《中小学体育与健康教育指导纲要》[①]。之后，各地院校在体育课堂中积极引入武术教育，2014 年国家体育总局更是大力开展"武术段位制"进课堂活动。虽然武术教育得到国家越来越多的重视，但是在发展过程中仍然具有许多障碍。

首先是对武术价值缺乏客观认识。中华文化博大精深，武术在几千年的文化中承载了丰厚的文化底蕴，但随着时代的变迁，国人对武术的认识由一开始的推崇与追求逐渐变为漠视，更有甚者为吸引眼球在网络上将传统武术与现代搏击进行较量来弱化武术，这些举动将国人对武术的信仰削弱殆尽，误认为武术只是花拳绣腿，并没有任何实用价值[②]。

其次是高校武术教育内容结构单一，缺乏趣味性。国家体育总局和教育部非常重视武术教育的发展，出台了一系列的政策，进一步完善和发展了武术教育。但是武术教育在高校体育教育中仍然处于一种尴尬的境遇。一方面，高校武术教育面向大部分学生，在上武术课前，学生从未系统了解过武术，而武术课程课时数设置与现代体育运动基本相同，单靠一学期的课时，很难习练好武术，课时数严重缺乏，再加上学生武术基础薄弱，使得武术教育的输出与接收难以达到平衡。另一方面，中国武术流派众多，而高校武术教育面向的是广大学生，武术套路应适合更广泛的学生，在高校教学中，只有少部分内容能够作为教材使用。而且高校武术教学为了适应不同学生的身体素质条件，简化了武术套路，删除了很多高难度动作，武术教学难以在原有基础上进行创新。

最后，武术教学形式单一，目前教学时仍采用传统的"教师讲解、学生学习"的形式。这种单一的教学形式难以激发学生学习的兴趣和热情。高校武术师资力

---

① 杨希娟. 高校武术教学中落实"课程思政"教育的实践路径探析 [D]. 武汉：华中师范大学，2020.

② 马文友.《全人教育》理念下高校武术教学改革的理论设计与实践路径 [J]. 南京体育学院学报，2020，19（9）：73–78，80.

量不足，部分武术教师并非科班出身，不能深入了解武术文化，教学经验也比较欠缺。

以上诸多因素，导致学生难以理解武术的内涵，更难以将其精髓应用于实际生活中，限制了武术教育在高校中的传承与发展。

（二）武术教育在高校体育教育中的作用

1. 武术教育促进大学生身心健康发展

（1）养成良好的运动习惯，促进体质健康

根据近些年的大学生身体素质报告显示，当代大学生身体素质欠佳。造成这一状况最主要的原因在于大学生在步入大学前，没有养成良好的坚持体育锻炼的习惯。大学生在步入大学前，初、高中繁重的学业压力使得大部分学生的重心在学习分数上，忽视身体锻炼。进入大学后，环境比较轻松，大学生希望在大学尽情释放自己的情绪，也没有重视体育锻炼。大学校园课堂开展不同单项体育课程、鼓励学生坚持早操等措施，依旧未能引起学生的学习动力，达不到良好的效果，究其原因是大学生对体育运动缺乏兴趣。身体是一切事业的本钱，无论将来从事何种职业，接受何种工作，健康的身体都是开展工作的基本保障，有了健康的身体才有后续可谈。依靠体育运动员在奥运赛场取得的成绩，从侧面反映了一个国家在世界各国的综合实力。一个国家国民身体素质水平更加反映了国家在世界的整体水平。通过习练武术可以有效提升身体素质，在习练武术的过程中，能够感受武术运动带来的力量与美。进行一切生命活动，都必须有强健体魄的支撑，特别是对青少年来说，只有拥有健康的身体、健全的心智，才能经受住社会的磨炼，才有机会成为国之栋梁，为社会主义建设贡献自己的力量。

作为传统体育项目的武术拥有深厚的历史文化的积淀，学生对历史悠久的武术会产生猎奇心理。另外，武术流派众多，拥有丰富的内容，武术形式多种多样，学生可以根据自身实际情况，适当调整运动的强度。学生也可以根据自己的性格特点和素质水平，选择合适的训练方式。这些优势有助于激起大学生习武的兴趣，养成良好的运动习惯。高校开展武术教学有着非常积极的意义，有助于提升大学生的身体素质。武术运动属于有氧运动，大学生进行武术训练，第一能够增强呼吸功能，改善大脑供氧能力，增强心血管功能，使神经更加的敏捷；第二能够改善运动功能，提高身体运动控制能力，在速度、平衡和协调各方面增强身体的功能；第三武术内容丰富多样，学生能根据自己的爱好找到合适的功法。长期坚持习武练习，能有效增强身体的免疫力，保持身体健康，不易生病。

（2）调节大学生情绪，促进大学生心理健康

当代很多大学生心理承受能力较弱，容易出现焦虑、抑郁等心理疾病。在大学生群体中，心理疾病发病率连年上升，表明大学生心理素质不成熟，很多大学生无法正确面对生活、学业以及感情上的挫折，难以正确处理不良的人际关系，导致心理极度压抑，长期被负面情绪控制，极易出现心理和行为失常的情况。面对这种情况，大学生需要通过合适的方式来发泄自己的负面情绪，避免心理疾病的发生。武术练习则是一种不错的选择。武术作为一项体育运动，在练习的过程中非常重视呼吸的配合。例如，太极拳需要将注意力放在呼吸上，在缓慢移行过程中配合呼吸，大学生在这一过程中会感到身体放松、精神愉悦，能有效缓解内心焦虑、紧张的情绪。除此之外，武术还具有深厚的文化价值，对培养大学生自信心和自尊心有着积极的意义，使大学生在练习的过程中培养顽强拼搏、勇于挑战的意志品质，促进大学生身心健康发展。

2.武术教育培养大学生良好品质

（1）培育大学生社会主义核心价值观

社会主义核心价值观凝聚了国家共同需要的价值取向，正确的社会主义核心价值观发挥着重要的作用，有助于提升民族精神，推动伟大中国梦的实现。现在的时代是一个信息爆炸的时代，当代大学生的人生观、价值观和世界观尚未完全定格，容易受网络信息的影响。网络信息真假混杂，如果不对大学生加以引导，其人生价值观极易出现偏差，容易走入歧途。"知行合一""内外兼修"是武术文化的价值取向，与社会主义核心价值观相符合，大学生进行习武练习能培养"内化于心"的正确价值观，并能将其运用于现实生活中，做到"外化于行"，使大学生能在日常生活中践行社会主义核心价值观。

（2）有助于提升大学生文化自信

当今经济全球化发展愈加深入，文化自信是文化繁荣发展的前提，也是实现中华民族伟大复兴的重要保障。现阶段，我国体育文化逐渐被西方体育文化边缘化，我国高校体育文化内容以借鉴西方体育文化为主，缺乏中国特色的体育文化

内容。基于此，在武术教育过程中，需要将中华民族伟大复兴的精神文化融入其中，重视挖掘中华武术文化更深刻的精神内涵，在高校体育文化中开展武术文化教育，增强大学生的文化自信。

3.武术教育强化大学生防身自卫

习武练习能够使大学生具备自卫防身的本领，有效保护大学生，避免大学生受到伤害和攻击。在历史发展中，武术最早出现在古代军事战争中，武术在战场上发挥着重要的作用，是取得战争胜利的重要法宝。在近代抵御外来侵略的历史中，武术也占据着重要的位置，武术技击术能够有效抵御外敌，武术文化更能振奋国民自信心。随着时代的发展，社会越来越和谐稳定，武术更多的是起着强身健体的作用。当前社会，奥运竞技文化越来越繁荣兴盛，"更快、更高、更强"是一直以来的奥运精神，武术的重心也更多地转移到竞技上，注重武术动作的高雅和形态的美观。现阶段，大学生进行习武，不仅能强身健体，了解武术文化，危急时刻还能保护自己。

4.武术教育传承武术文化

文化能够承载悠久的历史，是岁月痕迹的产物。在历史长河中，能够保留和传承人类的风土人情、风俗习惯、行为模式以及价值观念，在社会范围传播和交流的意识形态。高校主要负责培养复合型人才，大学生需要具备较高的文化素质和体育素质，才能更好地适应社会发展。现阶段，在高校内，具备高文化素养的人数不胜数，但同时具备高水平体育素养的人却不多，所以说，高校体育还有很长的路要走。武术教育也是高校体育教育中的重要组成部分。就目前的情况来看，高校武术教育的专业人员缺乏，武术人才对于高校武术的发展是至关重要的，从这一方面来说，培育武术后备人才对于高校体育教育尤其是武术教育的发展起着关键的作用。发展武术教育的同时要注重武术文化的融入，这样能够加深大学生对武术教育的理解，加强大学生对武术基础的认识，不仅如此，武术文化融入武术教育还能传承和发展优秀武术文化传统，促进武术人才的发展。

5.武术教育促进中西方高校体育文化共同发展

中国体育文化不同于西方体育文化，二者具有不同的特点。西方体育文化的特点是追求发掘人的潜能，加强对运动员的训练，使其突破生理极限，进而实现超越自我的目的。中国体育文化追求天人合一，达到人与自然和谐共处的目的。

所以，顺应自然规律是中国体育文化所崇尚的。从以上分析可以看出，中西方体育文化存在巨大的差异，但是二者的体育文化都具有其存在的意义。"更快、更高、更强"是西方体育文化追求的精髓，这一精神有助于开发人体的极限，贯彻拼搏、奋斗的精神。需要指出的一点是，在此过程中，人们往往过于追求结果，从而忘记奋斗的初心，进而导致行为越轨的现象出现。而这时的中国体育文化能够弥补其弊端，避免这种行为的出现。将中国体育文化与西方体育文化相互融合，能够弱化西方体育文化的功利性，实现中西体育文化的平衡发展。

高校体育教育中的武术教育发挥着重要的功能，体现了武术与当代大学生身心所需、发展所需的必然关系。回看武术的历史，武术是人类生存必须掌握的一项技能，随着时代变迁以及人类认知水平的提高，武术最终演化为强健体魄、休养生息、防卫自助、民族文化自信等的价值体现。然而实际上，掌握武术技能、了解武术文化，能够极大地推动当代青年身心健康发展。这就需要我们清楚地认识到武术教育的独特功能，并将这种功能在高校体育教育中发挥出来。大学阶段是青年构建人生观、价值观、世界观的重要阶段，在高校中开展武术教育能够振奋民族精神、增强民族自信、促进大学生身心健康发展，也能更好地传承和发展武术。

（三）武术文化在高校武术教学中的发展现状

1.武术文化未融入校园文化

倡导尊师重教、善待学生是目前校园文化建设的主流，尽最大可能地为师生营造促进事业发展、实现梦想的学术氛围。对于武术教学而言，更多的是围绕体育课程来展开相关教育体系设计，之所以未融入校园文化究其原因，有以下两个方面。

（1）大武术教学观念没有形成

国外竞技体育思想一直以来都对我国体育教育产生着影响。高校内体育教育长期以来只是单纯的体育项目，武术教育和教学概念模糊，使得武术教育中的文化教育缺位，导致高校师生对武术文化没有充分的认识，所以在设计教学目标、教学程序时，没有注重文化教育。

（2）武术文化在体育教学体系之中不受重视

在体育教学体系中缺乏对武术文化的关注，使得高校武术文化的传播途径非常单一，只在武术课堂上穿插有武术文化，在其他地方很难看到武术文化的传播。在体育教学体系中，应将武术技能的传授和武术文化教育相结合，促进武术教育的长远发展。

2.武术教材陈旧教学模式单一

高校武术教材陈旧，教学模式单一，主要表现在以下方面。

（1）武术教材陈旧

长期以来，高校武术教材一直沿用人教版或者是地区版本的统一教材，这些教材拥有丰富的教学内容，涉及很多需要学习的内容、目标和技巧。但是其中涉及文化教育的内容非常有限，不利于武术文化教育功能的发挥。

（2）武术教学模式单一

"教师讲解—学生参与训练—教师指正"的模式是现阶段高校武术教学的主要模式，这一模式虽然有助于学生掌握武术技巧，但是忽视了学生的学习兴趣，不利于培养学生积极主动学习的习惯，导致学生喜欢武术，但不喜欢上武术课。

（四）体育武术教学文化内容的重建对策

体育武术教学文化内容的重建要坚持"继承与发展，文化与技能"的双面发展路径，保证对武术文化的继承与发展，确保教学能够实现文化与技能的综合教育目标，具体教学对策如下。

1.继承与发展

（1）更新思想，树立武术大文化观

高校武术教师转变教学观念，树立大武术观念，对于高校重新构建武术文化是非常重要的。大武术文化观念主要指的是从武术教育的整体出发，继承优秀的武术文化精髓，掌握武术的技术技能，充分发挥武术的教育功能，促进武术教育的全面发展。具体的对策包括以下三点。

首先，宣传中华文化精髓。经济的发展推动着全球化的发展，这已经成为社会发展的主流。武术教育对中国的发展乃至对世界的发展都产生了重要的影响。将武术文化融入高校整体文化发展中，借助校园文化开展交流活动，把武术文的内容传递到国际上，进一步促进中华文化的传承与发展。

其次，创设武术文化教育氛围。可以通过多种形式创设武术文化教育氛围，将武术文化融入校园文化建设中，比如可以通过举办讲座、开展竞赛活动、进行网络建设、组织晨练和课外活动等形式，营造高校武术文化氛围。

最后，提升教师素质。高校武术教师的素质对于高校武术教育是非常重要的，可以通过多种形式来提高武术教师的素质，比如开展校内外培训活动，组织武术教师学习武术文化，创新教学方法，大力传播武术文化，进一步提升武术教师素质。

（2）深入挖掘，开发武术文化内容

继承与发展体育武术文化，教育工作者必须要深入挖掘开发武术文化的相关内容，剔除滞后或是陈旧的内容，具体做法如下：

首先，挖掘传统竞技武术形式。充分发掘竞技武术的文化内容，能够激发学生的学习兴趣。教师可以挖掘竞技武术模式，利用文化渗透的方式，更好地组织武术教学。

其次，挖掘体育武术教学背景文化。每一种武术都有其发展的文化背景，文化背景涉及创始人经历、武术宗旨、拳法模式、竞技要求等。教师充分利用这些文化背景，将其融入教学之中，不断拓展教学素材。

最后，挖掘中华武术文化精髓。中国拥有博大精深的武术文化精髓。在教学过程中，教师可以对武术文化追本溯源，在教学中不断渗透优秀的武术文化思想。"尚武崇礼"和"尊师重道"是武术文化中的精髓。

2. 文化与技能

（1）健全武术文化教学体系

贯彻新一轮武术教育教学改革理念、目标和具体思路，是健全武术文化教学体系的必然选择。

首先，明确目标体系。高校武术文化目标体系的构建要响应和贯彻落实国务院《关于加快发展体育产业促进体育消费的若干意见精神》的文件要求，倡导"双百"方针，提供一个宽松的、适宜发展的武术学习条件和环境，弘扬主旋律。

其次，构建课时体系。体育武术的课时应该尽可能地充足，为武术文化的传播提供空间。

再次，形成校本教材。高校要开发武术校本教材，保证将传统武术、竞技武术、武术文化等内容结合起来。

最后，构建课外平台。构建课外平台能够实现中国武术教育从"体育"到"文化"的转变。积极构建武术俱乐部，保证武术学习者在课外也能进行武术学习，感悟民族精神，深刻认识民族主体性的中国武术文化体系。

（2）创新体育武术教学模式

创新体育武术教学模式要考虑到文化与技能的双向结合。

首先，国学与武术教学结合模式。将国学的文化传递功能与武术教学进行有效结合有着重要的意义。这就要求教师创新武术教学形式，比如可以利用国学经典名句与武术动作结合编排武术操，还可以结合经典国学内容与武术结合编排舞台节目，创编舞台剧，通过武术展示国学经典内容，培养学生爱国主义情怀。

其次，模拟传统竞技模式。这种模式在课堂上的教学流程为制定竞赛制度。运动员训练体制，完善技术体系，分组进行竞技训练，构建全面的竞技模式。

再次，教学传统武术项目。通过教学传统武术项目，学生能够更深入地了解多元化的武术文化内容。比如，在教学过程中引入"八卦掌"，不仅能吸引学生的兴趣，还能让学生更深刻地理解中国传统武术具备的文化特性。

总而言之，学校教育能够推动武术文化教育的发展，武术文化教育也能丰富高校体育教育的内容，从一定程度上提升学校教育的质量，增强学校教育的文化价值。重新构建武术教学的文化内容需要注意几点：明确文化重建的意义，了解高校武术文化的发展状况，采取有效促进文化重建的措施。这样有助于高校武术教育中文化教育的归位，促进高校体育武术文化的发展。

三、高校健身瑜伽运动

在 2020 年 10 月发布的《关于全面加强和改进新时代学校体育工作的意见》中提出："开齐开足上好体育课。严格落实学校体育课程开设刚性要求，不断拓宽课程领域，逐步增加课时，丰富课程内容。鼓励高校和科研院所将体育课程纳入研究生教育公共课程体系。"[1] 健身瑜伽是一项休闲性社会体育项目，可以有效实

---

① 引自 2020 年 10 月 15 日中共中央办公厅、国务院办公厅印发《关于全面加强和改进新时代学校体育工作的意见》。

现这一要求。健身瑜伽近几年已经悄然融入部分高校体育，融入的方式主要是体育选修课、大学生瑜伽社团以及瑜伽馆等形式。但是，大部分的高校并没有开设瑜伽课，对健身瑜伽的研究也相对匮乏。新时代，探索和研究健身瑜伽是改进和加强学校体育工作的一项重要举措，挖掘和开发高校健身瑜伽的体育价值，促进学生的全面发展。

（一）健身瑜伽概述

1. 认识瑜伽

"瑜伽"一词，源于梵文中的"Yoga"，从词源学上与英文的"Yoke"（轭，牛轭；纽带，联结）同源。印度传统瑜伽修行的目的是实现"梵我合一"。"梵"是宇宙的根源。"梵我合一"有两层意思，第一，人的心智进入超越自我的直觉状态，达到我与至高无上的"梵"相通的状态；第二，人的精神与肉体进入最佳结合状态，达到实现人的解脱与自由，真正脱离尘世的痛苦的目的。印度几千年的瑜伽大致分为四类：行动瑜伽、奉爱瑜伽、智慧瑜伽、胜王瑜伽。

瑜伽文化发展史上的一座里程碑就是《瑜伽经》的诞生。《瑜伽经》是一部讨论瑜伽理论的经典，不仅如此，它也是一本哲学性的著作。《瑜伽经》的内容中思辨元素明显强于宗教信仰。《瑜伽经》开篇第二句话中提到"瑜伽是控制心灵的波动"[1]。主要意思为，我们所感受到的外在的差异，都是来自心灵变化的结果。如果我们控制好心灵变化的幅度，就能在很大程度上降低外界对我们的干扰。练习瑜伽有着重要的意义，能让我们感受到心灵的波动，控制波动的幅度，获取智慧，使人们感到幸福。

2. 认识健身瑜伽

现阶段，在全球范围内流行的瑜伽并不是印度的传统瑜伽，现代的瑜伽摒弃了印度瑜伽中的宗教成分，添加了西方的元素，主要目的是健身。我国大多数的健身瑜伽也是从西方传来的。

2011年，在北京体育大学举办了瑜伽项目座谈会，参会的专家学者就健身瑜伽问题展开了激烈讨论，并初步达成共识，第一次明确提出了"健身瑜伽"的概念，明确了健身瑜伽的目的是促进身体健康，健身瑜伽成为一项体育养生运动。

---

[1] （古印度）钵颠阇利著；黄宝生译. 瑜伽经 [M]. 北京：商务印书馆，2016.

2016 年，国家体育总局社会体育指导中心成立了全国瑜伽推广委员会（2018 年更名为"全国健身瑜伽指导委员会"），旨在规范瑜伽市场，推动瑜伽运动健康发展，自此，健身瑜伽开启了中国化发展之路。2018 年以来，我国颁布实施了《健身瑜伽体位标准（试行）》《健身瑜伽竞赛规则与裁判法（试行）》《中国健身瑜伽段位制（试行）》《中国健身瑜伽晋段官管理办法（试行）》等政策，保障了瑜伽行业有序发展。

3. 健身瑜伽的概念及内涵特征

促进身心健康是健身瑜伽的主要目的。健身瑜伽的训练方式主要为体位训练、气息训练、心理调节等。通过一系列的训练，可以改善体姿、延缓机体衰老、增强机体活力。准确把握健身瑜伽的内涵特征，首先要把健身瑜伽与传统瑜伽区别开来，其次要把健身瑜伽与其他体育项目区别开来。

（1）健身瑜伽与传统瑜伽的区别

首先，目标不同，这是健身瑜伽与传统瑜伽最大的差异，"梵我合一"是传统瑜伽追求的目标，传统瑜伽宗教色彩浓厚；健康是健身瑜伽追求的目标，健身瑜伽更加贴近生活。可以说，健身瑜伽概念产生的直接原因就是大众健身日趋多元化的需求。其次，运动形式不同，这也是健身瑜伽与传统瑜伽明显的差异点。传统瑜伽的训练方式是以体位、呼吸、冥想为主，其中实现"梵我合一"目标的主要手段就是冥想；健身瑜伽不注重冥想，只是将其作为一种放松的手段，健身瑜伽更加注重体位与呼吸的结合，实现"身心合一"为主要目标。

（2）健身瑜伽与其他体育项目的区别

健身瑜伽与其他体育项目有很多相似之处，比如体育锻炼、体操、健美操、健身气功、健身太极等，但健身瑜伽在运动特性方面与其他体育项目存在明显的差异。一方面，健身瑜伽与体育锻炼不能画等号，体育锻炼更加注重身体的锻炼，通过消耗能量的动态运动，实现强身健体的目标，运动量比较大，运动后的疲劳感会比较明显，需要比较长的时间进行恢复；健身瑜伽是一种能够释放能量的静态运动，通过调节身心平衡，释放内心压力，实现健身育体的效果，运动后不会使人感觉疲劳。另一方面，健身瑜伽训练方式是将体位与呼吸相结合，更加关注内心的世界；体操、健美操等体育项目以强身健体为主要目标，更加关注肌肉和形体的外在变化。另外，健身气功、健身太极等，虽然也都注重呼吸对健身的影响，但其运动形式与健身瑜伽也有很大的差异，健身气功、健身太极主要通过有意识调节胸式或腹式呼吸，来达到"形意"相通的效果，而健身瑜伽的运动形式为调息呼吸法，在"身、心、灵"的和谐状态下，调节肌肉状态，促进血液循环，减轻疲劳，实现健身育体的目的。

（3）健身瑜伽的内涵特征

健身瑜伽与传统瑜伽以及其他运动项目，在运动特性方面存在明显的差异。健身瑜伽的内涵特征和本质属性主要表现在两个方面：一方面，健身瑜伽的目标和功能具有体育的内涵和特征，是体育的一部分；另一方面，健身瑜伽将呼吸与体位相结合，再将冥想融入其中，是健身瑜伽的特有属性。

（二）健身瑜伽在新时代高校体育中的体育价值

健身瑜伽在全国越来越受欢迎，传播的范围更加的广泛。健身瑜伽自进入高校以来就受到大学生的追捧。其中，检索知网、维普、万方数据库等概括分析学界关于健身瑜伽对大学生体育价值开发的研究主要集中在以下三个方面：

1. 健身育体的体育价值

健身瑜伽减肥、健身、塑形的功能是健身瑜伽体育价值研究较多的方面。一般来说，导致肥胖的主要因素包括：①营养过剩，吃得多运动少；②内分泌失调，导致新陈代谢紊乱。健身瑜伽在减肥方面效果不错，其减肥方式不是运动排汗，而是通过体位法、呼吸法相结合，提升练习者新陈代谢的水平，增强身体的活力，消耗脂肪，健身育体。健身瑜伽在健体和塑形方面的效果也不错，健身瑜伽的很多体式模仿了大自然中动物适应环境的动作，能够产生良好的运动健身效果，再加上练习时，配合相应的呼吸方法，能够使肌肉放松，舒展肌肉线条，塑造身形，让体态更加轻盈，实现健体和塑形的双重目的。

2. 促进心理健康的体育价值

现代社会的人，生活节奏比较快，社会竞争比较激烈，高校大学生在学习、就业、处理人际关系等方面面临着很大的压力，容易产生焦虑、烦躁和抑郁的情绪，由此导致大学生心理健康问题越来越多。相关研究显示，改善心理健康最有效最积极的手段就是身心结合的运动锻炼。而高校健身瑜伽运动就是一项身心结合的运动项目，能够促进大学生心理健康发展，改善大学生不良心理情绪。

王海霞等研究证明："瑜伽练习作为非药物手段心理健康干预，对减轻压力、降低焦虑和抑郁情绪等效果显著[①]。"

陈科宁采用心理健康测试量表 SCL-90，对大学生参加一年瑜伽训练前后的心理指标进行测试表明："多项因子都有不同程度的改善，呈显著性差异的是焦虑和抑郁情绪，还包括人际关系和睡眠[②]。"

倪春玲认为瑜伽习练可以"增强大学生心理自我调控能力，缓解紧张情绪，降低心理压力，提升大学生的愉悦感和幸福感"[③]。

综合众多学者研究不难发现，健身瑜伽对大学生来说有着重要的积极影响，能有效改善大学生的心理健康状况，保障大学生心理健康。健身瑜伽采用体位、呼吸相结合的方式，习练者更加注重感知自己的身体动作，使肌肉慢慢放松，达到身心合一的状态，更好地释放自身压力。不仅如此，健身瑜伽特别重视调息式呼吸，从科学角度讲，自主神经系统支配人的情绪，呼吸对人的情绪有很大影响，人在紧张状态下，呼吸会变得急促，抑制身心交互。调整呼吸节奏，降低呼吸频率，能有效缓解紧张焦虑的情绪，使人心绪平和。

3. 增进大学生的休闲体育价值

休闲是社会文明进步的象征，反映着人们对安宁、平和生活状态的向往和追求，也是人与社会、自然和谐思想的表达。作为休闲性社会体育项目的健身瑜伽引入高校体育，目前主要以瑜伽选修课程、大学生瑜伽社团活动和瑜伽馆等多个形式存在，而关于健身瑜伽对大学生的休闲体育价值研究和开发却相对较少。2016 年国务院颁布了我国首个以健康为主题的《"健康中国 2030"规划纲要》，从战略规划的高度推进"健康中国"建设，强调普及健康生活，提高全民健康素养和整体健康水平。在此背景下，休闲体育无疑会成为人们对积极有益的体育健身方式的最佳选择，它对提高人们的生活品质、身体健康、心理健康等都具有极高的体育价值。

---

① 王海霞，张明强，许金富，王超凡. 瑜伽锻炼对心理健康影响的 Meta 分析 [J]. 河北师范大学学报（自然科学版），2020，44（02）：180-184.

② 陈科宁. 瑜伽对大学生身心健康的影响研究 [J]. 西安文理学院学报（自然科学版），2020，23（02）：108-112.

③ 倪春玲. 论瑜伽对大学生身心健康的影响 [J]. 长春师范学院学报（自然科学版），2008（06）：103-105.

伴随新时代的到来，高校大学生体育休闲意识不断提升，大学生对体育休闲价值需求也日趋强烈。健身瑜伽以增进身心健康、完善自我为主要目的，其非功利性、自主选择性、文化性以及娱乐性等体育休闲特性，成为吸引大学生参与瑜伽健身的主要动机。因此，健身瑜伽的休闲体育价值是对高校体育价值的必要补充和拓展，对提升大学生生活品质、促进大学生健康成长都具有积极意义，值得进一步研究和开发。

（三）高校健身瑜伽课程教学的提升方式

1. 理论与实际相结合进行健身瑜伽课程教学

学习瑜伽动作是没有什么难度的，但要注意的是确保瑜伽动作的准确性，错误的姿势会带来消极的影响。这就要求健身瑜伽课程教学注重理论与实际的结合，实现二者共同发展。在高校健身瑜伽实际教学过程中，瑜伽教师既要传授学生瑜伽理论知识，使得学生对瑜伽知识有更深入的了解，还要教授学生瑜伽技能技术，促进学生综合素质的发展。学生在教师的专业指导下，能够清楚地了解什么瑜伽动作能够给身体带来什么样的作用，提升瑜伽训练的质量，达到健身育体的目标。不仅如此，加强对学生瑜伽理论知识的传授，还能让学生了解自己的身体结构，认知自己的身体状况。对自身有更清晰的认识之后，进而开展专项瑜伽训练，提升学生的瑜伽水平。

2. 开展分层教学

教师在教学过程中，需要把握学生的具体情况，通过问卷调查的方式，或者是访谈的方式，了解学生的实际学习情况，总结分析调查结果，判断学生的学习情况、兴趣爱好、身体素质等方面的因素，将学生划分为 3 个等级，第一等级为身体素质较弱、学习能力较差的学生；第二等级为身体素质一般、学习能力中等的学生；第三等级为身体素质较高、学习能力较强的学生。根据学生的实际情况和兴趣爱好，瑜伽教师制定有针对性、科学、合理的教学计划，规划合适的教学内容，满足不同层级学生的学习需求，提升学生学习健身瑜伽的兴趣，实现高校体育教学目标。

高校健身瑜伽采用分层教学法具有重要的意义，一方面能释放学生的精神压力，另一方面还能促进学生全面发展。在使用分层教学法时，需要注意留意分层教学模式，充分尊重学生的实际情况，遵循以生为本的教学原则。高校体育教学引用分层教学法主要是为了使每个层级的学生都能发挥自己的主观能动性，积极主动地参与到学习中去，掌握健身瑜伽的理论知识和动作技能。

3. 实施赞赏教学

赞赏在教学中发挥着积极的作用，学生受到外界的肯定和赞扬时，能够有效拓展自身的思维能力，发挥自身的主观能动性，提升学习的热情。这就要求高校教师在教学过程中，充分采用赞赏的教学方式，对学生的积极表现给予适当的赞扬和肯定，鼓励学生发挥积极性参与学习，引导学生提升自身的技能水平。在健身瑜伽的实际教学过程中，教师要时刻关注学生的学习情况，通过适度的赞扬，让学生感受到教师的关注。学生在教师的赞扬下显得主观积极，达到了高校瑜伽教学的有效性。

4. 运用纠错教学法

高校健身瑜伽的教学内容比较丰富和专业，不同的瑜伽动作具有各自的形态，展现了不同的效果。在进行健身瑜伽教学时，教师要熟练掌握健身瑜伽的每一个动作，同时注意观察学生的动作，在学生训练时发现学生的动作不标准时，要及时予以纠正，引导学生掌握正确的瑜伽动作，提升学生的健身瑜伽水平，达到健身育体的目标。举例来说，练习猫式动作时，很多学生的呼吸跟不上动作，这时就需要教师给予及时的纠正，使学生能够获得明显的锻炼效果，促进学生身体素质的发展。

对于学生的动作训练，教师需要给予重视，及时纠正学生训练过程中的错误姿势，并对学生进行有效的讲解，帮助学生掌握正确的姿势，进行规范性的动作训练。但是，健身瑜伽课程的教学时间比较有限，教师很难及时纠正每个学生，这就需要教师在实际教学过程中，将学生划分为两人一组，让他们在课下练习，相互监督和纠正对方错误的姿势，提升健身瑜伽的教学质量，促进学生全面发展。

5. 音乐辅助教学

在健身瑜伽训练过程中，音乐是必不可少的元素。将健身瑜伽与音乐巧妙结合，能够带动学生的情感体验，为学生营造良好的学习氛围。除此之外，美妙的音乐还能启迪学生的智慧，陶冶学生的情操，舒缓学生的心理压力。所以，教师在健身瑜伽教学过程中，需要选择一些代入感强的音乐作为辅助，比如钢琴曲和古筝曲等，营造良好的学习氛围，有效提升健身瑜伽课堂教学效果。

在高校，合理有效地开展健身瑜伽课程有着重要的意义，能够提升学生的身体机能，舒缓内心的压力，促进学生综合素质的发展。综合来看，瑜伽教学在高校课程学习过程中有着自身的实际作用和价值，需要予以肯定。综合分析现阶段高校健身瑜伽教学现状，改进教学方法，提升教学质量，促进学生全面发展，为学生的未来发展打好身体基础。

四、高校健美操运动

健美操是一项在有氧训练基础上，把人体作为对象的一项运动，是把美和力量作为核心，人体通过有氧的运动形式，把体操运动与舞蹈动作及音乐良好结合进行实践的一项活动。健美操课程在高校的开展，可以提升学生的身体素质，实现健心、健身以及健美的目的，增强学生的身体协调性以及健康，也能够发展学生的智力和培养学生的审美意识。健美操对高校学生的影响很大，具有现实教学意义。因此，各高校教师要给予此项教学足够重视，创新健美操的教学方法，充分借助信息化技术等新型技术开展教学，利于创设良好的健美操教学环境，激发学生参与学习及实践的积极性，提高学生的健美操成绩。

（一）高校健美操教学的重要性

高校健美操是一项对身心有益的运动项目，该课程在高校的开展及教学具有现实意义和重要的价值，一方面健美操教学具有强身健体的作用，另一方面健美操教学也发挥了美育的功能。如下是高校健美操教学重要价值和作用分析。

1. 对学生身心健康的积极影响

经常练习健美操可以促进学生的身体健康，经过长期的锻炼，学生的心血管系统、呼吸系统、消化系统，甚至是内脏器官功能均会朝向更好的方向发展。同时，长期和有规律地练习健美操能够塑造学生完美的身形，特别是力量的练习，可以使学生的骨骼更加粗壮，学生的肌肉维度会变大，进而弥补和完善学生先天体型的缺陷，使体型变得更加匀称与健美。经常练习健美操能够缓解学生的精神压力，也可娱乐身心，有效地预防各类疾病的发生。

2. 利于大学生气质和性格的发展

健美操运动也有利于大学生气质和性格的养成，使学生内在的情绪得到很好的宣泄、张扬自己的个性、消除自身的郁闷情绪，使其更乐于和人交流，更加乐观地面对生活，潜移默化地影响学生的气质和性格。

3. 可以促进学生之间的友谊

通过健美操的练习，可以增进学生之间的友谊，增强学生的集体观念。因为健美操本身就是一种个体和集体兼具的运动方式。高校开展健美操教学活动更多是以集体的形式为主，通过集体训练和实践活动，培养高校学生的组织纪律性以及集体观念。此外，在健美操的练习过程中，学生之间以及学生与教师之间的相互观摩，可增加相互的思想交流、培养感情并且增进理解。

4. 增强学生的身体协调性

任何种类的健美操均是需要利用身体的各个部位，通过身体各个部位良好配合完成的，学生在健美操的练习和各个动作完成过程中，通过基本的举振以及屈伸和环绕、旋转、波浪等动作的完成，有效地提升了学生的身体协调性。此外，女生力量素质稍差，通过进行健美操练习，能够提升其力量素质，实现强身健体的目的。

（二）互联网时代高校健美操教学的方法及实施建议

1. 使用微课与网课方式进行教学

（1）使用微课进行教学，控制视频的时间在 5~10 分钟

微课程产生于 1960 年，是由美国一所附属学校为了短期的课程教学和单元学习所开展的微课程教学。

伴随科学技术的不断发展，微课程经过实践又被划分成两种课型，一种是小型的微课程，一种是 1 分钟短视频。高校教师在健美操教学过程中使用的微课程教学方法，通常是在一节课程即将结束的前 5 分钟之前，布置一个相关的主题，如为学生展示一个技术动作的视频或者简短的一场比赛的视频，使学生紧紧地围绕这一主题，应用摄像机或者智能手机以及 ipad 等，以小组或者个人为单位形式，对健美操的技术动作、某个比赛的经典瞬间以及动作的视频进行分析，或者制作与剪辑，之后教师会建设一个此次课程的微信群或者 QQ 群，让学生分享自己对

视频中技术动作或者比赛精彩瞬间的分析，也把学生剪辑以及制作的视频在群里分享，这样便于学生一起交流和沟通。微课程的设置应尽量多元化、体现针对性，这样便于实现对高校学生的因材施教以及针对性教学，在健美操教学中增强学生学习的自主性、培养学生良好的运动及锻炼习惯。与此同时，教师可以在上课之前的预习活动、教学期间的辅助教学以及课后的拓展延伸教学中使用新媒体技术。加强对网络课程教学的管理，把教师的作用落实到网络课程的不同环节中，便于发挥新媒体以及新教学方法的价值。

（2）使用翻转课堂教学方法，利用新媒体提高大学生的参与积极性

信息的来源渠道较为宽泛、信息资源很多、信息的获取渠道多并且较为便捷，这是互联网信息时代新媒体的主要特征及优势。因此，在高校健美操教学中，教师可以充分借助新媒体以及新教学方法的优势，在课堂教学期间应用新媒体来进行教学，完善以往教学方式的不足，创新和改进教学方法。此外，教师应用新教学方法开展教学，在教学中也培养了学生的新媒体的使用能力，学生更愿意参与学习，使学生的学习成绩明显提高。以翻转课堂为例，教师在教学之后，安排学生在课后紧紧地围绕教师所安排的各项任务，并且结合自身情况或者小组的学习情况，采用个人或者小组脱口秀表演的形式、短视频或者舞台剧和情景剧的形式以及技术动作表演的形式在课堂上展现自身的学习成果，全班学生共同讨论和交流，之后健美操教师再深入总结，从专业化的角度对全班学生的学习成果及展示进行有效点评、科学指导及总结。

2.科学使用新媒体更新沟通方式

首先，教师需加强对于各类新媒体的使用以及取舍，提高认知，科学地使用新媒体教学方法，选取适合的教学资源开展教学，这样才能发挥新媒体的积极作用。高校健美操教学的主要对象是学生，教师为了达到教学的目标，会打造"金牌课程"，在教学中使用实用性强以及高质量的教学方法，优化教学的内容，实现提高教学质量的目的。使用新媒体与新方法进行教学，满足教师高质量课堂构建的需求。教师还需科学地使用和取舍，提高认知，在选择教学资源期间需要结合现状进行选取，并且以正向影响和优质视频等资源作为教学素材的首选，这样才能发挥新媒体的优势。其次，教师在教学中要注意和学生交流的措辞和方式。新媒体和传统媒体的不同之处体现在新媒体具有双向交互性以及即时性和信息量

很大等方面，在互联网信息化社会，教师必须注重自身的语言以及措辞，尤其是在各类直播平台教学中，或者微信以及 QQ 群的交流中，一些学生会称呼教师为姐或哥等称呼，此时，教师必须意识到双方的交流要依据学高为师和身正为范的理念，使用适合的语言在新媒体环境和学生有效地进行沟通。

3. 重视课程思政的融入教学

现阶段，全面健身战略的持续开展，高校健美操教师在使用网课、翻转课堂和微课的教学期间，应注意以下方面：第一，把正确的人生价值观念以及世界观应用新媒体良好地融入健美操教学中，使学生了解学习健美操的初衷、健美操对未来人生以及职业生涯的影响，培养学生良好的体育锻炼的习惯，提升体育锻炼的积极性，做一个身心健康的人，为社会的发展贡献价值。第二，把新媒体的影响力逐步朝向正能量的方向引导，互联网信息社会海量的数据和信息资源要求学生在课后完成相关的作业期间，必须把控好方向，选择积极和正能量的资源，确保所使用的资源可以满足社会主义的核心价值观念，并且体现新时期高校大学生良好的精神风气与面貌。第三，高校健美操教师还需在互联网社会大背景下，使用各类新技术与方法进行教学，吸引大学生的关注，提升学生的积极性以及参与度，优化学习的方式。辩证来说，新媒体中信息的来源更加广泛，部分信息具有娱乐性，不具有权威性的特点，一些信息可能对学生的学习以及发展带来不良影响。因此，教师应定好基调，核心是健美操的教学，而各类新技术和新教学方法仅是应用工具，应该重视工具的应用，正确使用新技术和新教学方法。

五、高校啦啦操运动

高校啦啦操运动对大学生的发展起着积极的影响，不仅满足大学生的审美需求、促进大学生心理健康发展、培养大学生的综合能力，还能丰富校园文化生活，培养大学生顽强拼搏的意志，使得大学生具备一定的纪律观念和竞争意识。

（一）啦啦操运动的价值

1. 啦啦操的运动锻炼价值

啦啦操运动可以说是一种综合体育形式，集音乐、艺术、舞蹈、运动于一体，能够锻炼全身的协调能力，有助于提升锻炼者的身体机能和运动能力。不仅如此，啦啦操运动还能有效锻炼手臂，使其更具力量；锻炼核心肌群，使其更具线条和美感。

2. 啦啦操的心理影响价值

啦啦操这项体育运动非常具有活力，表现了一种奋发向上、自信热情的精神，这项运动对团队协作能力有一定的要求。运动员在啦啦操运动中要始终保持微笑，传播正能量，这要求表演者具备积极的心理，团队成员要默契配合。在高校开展啦啦操项目，有助于促进学生心理健康发展，提升学生的自信心，进而推动我国体育教育的发展。

3. 啦啦操的艺术审美价值

进行啦啦操运动会涉及音乐、舞美和服饰等多种艺术表现形式，啦啦操表演通过节目的形式呈现给观众，具备欢快的节奏感、引人振奋的音乐和丰富的表情魅力，给观众带来美的享受，具有极高的艺术审美价值，能够构建校园文化，营造艺术氛围。

（二）啦啦操在高校的优化策略

1. 提高重视程度

国家教育事业不断发展，大学生人数日益增多，就业压力增大，容易导致大学生群体出现心理问题，而啦啦操运动能够促进大学生心理健康发展、有效缓解大学生焦虑、紧张、抑郁的情绪。所以，高校开展啦啦操运动项目具有重要的意义，高校应高度重视啦啦操运动教学，充分吸收国内外体育界、其他学校在啦啦操教学领域的先进经验，组建专门的啦啦操教学教研和管理部门，遵循啦啦操运动发展规律，制定合理的啦啦操教学制度，在大学体育课程中增添啦啦操的必修课和选修课，优化啦啦操训练和比赛制度，推动高校啦啦操教学的发展，使啦啦操成为大学生体育的日常行为，让啦啦操教学成为大学体育教育的一部分。

2. 优化训练体系

高校啦啦操运动要想取得一定的成效，必须进行专业的、高质量的训练。这就要求高校深入研究啦啦操运动的特质，并以此为参考制定合理的教学目标，制定科学合理的训练体系，促进大学生啦啦操运动有序发展。首先，制订合理科学的长期训练计划，同时规范开展啦啦操运动的日常训练，将啦啦操日常的基础技巧训练与比赛的专题训练有效结合，进一步提升啦啦操基础训练的质量；其次，合理规划训练的强度，以学生的身体状况为前提，尊重不同学生的差异，选取合适的训练方法，突出层次化和差异化，满足所有学生的运动需求。同时不断激发学生的主观能动性，让学生积极主动地参与到啦啦操的训练中，需要注意的是把控好啦啦操训练的强度和节奏，培养学生团队协作的能力。

3. 拓展教育资源

物质和经济保障是高校开展啦啦操教学的重要条件，这就要求高校增加对啦啦操教学的投入，为啦啦操运动提供专门的运动场地、专业的运动器材等。高校需要加强学校体育文化建设，利用标语、校报、宣传栏、广播等手段营造学习啦啦操的良好氛围。不仅如此，高校还可以充分利用互联网技术，比如高校官网、微博、公众号、贴吧等信息平台，推广和介绍啦啦操运动，加深师生对啦啦操运动的了解。高校可以引导学生和教师组建啦啦操社团和俱乐部，建设校园啦啦操阅览室，打造良好的啦啦操训练和教学的环境。高校开展丰富多彩的啦啦操活动，利用啦啦操社团和俱乐部的影响，与其他高校进行交流活动、互相学习。利用社团、教师、学校等名义，争取社会、企业的赞助和支持，扩大啦啦操运动的影响范围。

4. 优化课程体系

完善和优化啦啦操教育课程体系，是提升高校啦啦操运动教学水平的关键措施。高校应以"高校体育教学课程方案"和《全面健身计划纲要》为出发点，合理设置教学目的，有针对性地锻炼学生的运动能力，促进学生综合素质的发展，帮助学生健康成长。通过啦啦操运动，锻炼学生的适应能力和认知水平。在啦啦操运动教材方面，高校应自主创编校本教材，根据学生的特征科学合理地选择教材，制定合理的教学目标，有效落实教学课时，全面促进学生身心发展、素质提升。除此之外，完善和优化啦啦操课堂教学考核机制和评价标准也是非常重要的，教学评价包括多方面内容，例如设计啦啦操教学的效果、方法和内容等，这样才能对啦啦操的教学水平进行科学的评价，提升啦啦操教学质量。

5. 培养专业教师

教师是教学活动的组织者和引导者，是保证教学活动有效开展的重要因素。所以说，专业充足的教师团队是啦啦操运动教学有效开展的重要保障。在啦啦操教学中，高校应重视体育教师队伍的专业性，培养专业的人才促进啦啦操运动的持续发展。首先，高校应重视体育教师团队啦啦操教学的专业培训和训练，提升啦啦操训练的专业水平，利用在职进修、集体学习、网络课程等方式对教师进行培训；其次，高校应关注啦啦操运动领域的发展，引进专业的啦啦操教师队伍，严格考核教师的专业水平。高校可以从专业啦啦操队和俱乐部邀请专业运动员，来校任职啦啦操教练，在学历和年龄两方面优化啦啦操教师团队的构成，保障高校啦啦操教师队伍的专业水平和高素质。教师在啦啦操训练过程中，应充分使用现有的啦啦操资源和场地，促进啦啦操教学的发展。

六、高校体育舞蹈运动

体育舞蹈是一项具有多种特征的新兴体育项目，其特征主要表现为体育性、艺术性、交际性、娱乐性。体育舞蹈包含丰富多样的舞蹈种类，具有独特的魅力。体育舞蹈自进入高校以来，就受到了高校师生的热烈欢迎。而且高校体育舞蹈还拥有非常丰富的教学内容、多种多样的教学形式，能够在健身、塑形、娱乐及交际等多方面给学生带来积极的影响。但在实际教学过程中，高校体育舞蹈还存在着一些问题，比如教学模式传统单一，阻碍了学生对体育舞蹈项目艺术价值与审美底蕴的认识，不利于激发学生学习的兴趣，也不利于学生良好体育精神的培养。在很大程度上限制了体育舞蹈各方面功能价值的发挥，使得体育舞蹈教学的真正价值难以实现。针对这种情况，本文在详细分析我国高校体育舞蹈课程教学存在的几个问题的基础上，提出几点相应的改革策略，以期能够进一步促进我国高校体育舞蹈课程教学的可持续发展。

（一）高校体育舞蹈课程开展教学的主要困境

1.体育舞蹈教学内容与人才培养目标相对落后

近几年来，高校体育舞蹈发展得比较迅速，取得了一些成绩。但是，我国各大高校开设体育舞蹈课程的时间是比较短暂的，各高校在体育舞蹈的教学内容设置方面还不够丰富，体育教师开展体育舞蹈教学的经验也不足。不仅如此，体育舞蹈在我国高校课程中只是作为选修课而存在，没有清晰的人才培养目标，只将提升学生专业技能以及专业素养作为主要目标是比较片面的，不利于高水平体育舞蹈专业人才的培养。在选用的体育舞蹈教材方面，很多高校没有结合本校的实际情况，也忽视了学生的具体特点，使用和其他高校一样的教材，无法确保体育舞蹈教学内容的实用性、适用性、先进性与时代性，也不能满足学生多样化的体育舞蹈学习需求。

2. 体育舞蹈教学模式与教学方法相对传统

现阶段，在高校体育舞蹈实际的教学课程中，教师教学主要依靠自身的经验。一些体育舞蹈教师会借鉴职业体育舞蹈教学与训练的模式，教学时采用讲解和示范的教学方法，学生被动地反复练习体育舞蹈技术动作。这说明，我国高校体育舞蹈课程中尚存在教学方法传统单一的问题，这就导致体育舞蹈课程教学存在多方面的问题，主要表现在以下几个方面：第一，体育舞蹈理论知识过于枯燥乏味，学生缺乏学习的兴趣，不愿意主动地参与学习，难以掌握和理解体育舞蹈知识。教师在教学过程中也不注重发挥学生的积极性和主动性，这就很难培养学生创造性思维；第二，在教学过程，体育教师没有充分体现体育舞蹈在交际、娱乐、美育等方面的作用，教学模式没有乐趣可言，教学过程缺乏沟通交流，学生在此过程中没有体会到体育舞蹈的乐趣与价值，学生在体育舞蹈技能的学习与训练过程中感觉比较辛苦，没有学习的动力；第三，学生机械性和反复性的训练，不利于学生身心素质的协调发展，更谈不上学生的人文素质与艺术表现力的培养。

3. 体育舞蹈的专业教学设施相对短缺

体育舞蹈项目具备丰富多样的教学内容以及多样性的教学目标，这就要求开展体育舞蹈课程的高校配备宽敞、整洁的场地和专业、齐全的训练器材，特别是体育舞蹈中部分对体育器材有着更加专业与特殊要求的项目。从这个角度来讲，专业的舞蹈教室、音响设备等设施是高校开展体育舞蹈课程教学的前提条件。随着高校不断扩大招生规模，以及教学改革的深入推进，大部分高校在体育舞蹈教学设施这方面的资金投入力度与建设力度明显不足。虽然说，现阶段我国各大高校所拥有的教学资源基本上能够满足常规性的体育舞蹈教学的需求，但是，对于难度更大、专业性更强的项目，就难以满足其教学需求，极大地阻碍了高校体育舞蹈课程教学的广泛开展。

4. 高校体育舞蹈教师专业水平不够高

我国体育舞蹈的发展时间比较短暂，这就造成了很多体育舞蹈教师的专业水平相对较低，很多体育舞蹈教师之前主要负责教学健美操、瑜伽等体育运动项目，甚至体育舞蹈教学工作由其他学科教师兼职担任，只是对体育舞蹈项目进行短期的自主学习或者接受一段时间的培训之后就开始从事体育舞蹈教学工作。再加上很多体育舞蹈教师不具备专业的体育舞蹈技能、缺乏相应的体育舞蹈教学经验，使得其教学效果并不明显，在一定程度上限制了学生体育舞蹈知识与技能的学习，不利于高水平的专业体育舞蹈人才的培养。

（二）高校体育舞蹈教学的创新与发展策略

1. 更新和完善体育舞蹈的教学内容与人才培养目标

体育舞蹈教学是一项综合性的学科，内容涵盖体育学、音乐学、舞蹈学等多种学科知识，所以体育舞蹈教学拥有丰富多样的音乐、舞蹈方面的风格及特征。现阶段，高校体育舞蹈教学课程教学内容相对陈旧滞后。针对这种情况，高校应引入知名度高、时代性强的新的体育舞蹈教学内容，满足学生身心发展需求，尤其是要有意识地主动吸收一些国际流行的体育舞蹈项目，根据实际情况，对其进行适当的整合与改进，并纳入体育舞蹈教学内容体系中，根据学校实际开发出具有特色的校本教材。

除此之外，在制定人才培养目标方面，高校需要注重培养学生艺术修养与社会适应能力，一方面有利于学生体育舞蹈理论知识、技术技能、情感与艺术修养的培养；另一方面有利于学生的未来发展，从而有利于其更好地满足时代发展的需求。

2. 创新和丰富体育舞蹈教学模式和教学方法

现阶段，高校体育舞蹈教学模式与教学方法过于传统单一，体育舞蹈教师应充分调动学生在课堂中的主动性，激发学生的体育舞蹈潜能，尊重学生的主体性，创新教学方法，积极采用多样化的、先进的教学方法，并根据教学实际进行灵活组合运用，使学生充分掌握体育舞蹈相关知识与技能。与此同时，教师还要有意识地培养学生在艺术表现、动作创编及审美等方面的能力。具体来说就是，体育教师可以将传统教学方法与现代教学方法进行结合，即在运用讲解示范法、集体训练法的基础上采用多媒体教学法，将传统教学法与新型教学法进行有效结合，利用生动直观的方式将体育舞蹈技术动作展示给学生。除此之外，体育舞蹈教师应该积极采用现代教学法，比如竞赛教学法、任务教学法、情境教学法、探究式教学法等，提升教学质量。

3. 改善和优化体育舞蹈教学的场地器材条件

针对当前我国高校体育舞蹈课程教学场地、器材不足的问题，各个高校应该有意识地加强在体育舞蹈教学设施资源方面的资金投入力度及建设力度，积极拓宽资金来源渠道，根据教学需求积极添置教学设施、建设教学场地，促使体育舞蹈的教学设施实现进一步的改善与优化，为高校体育舞蹈教学活动的开展提供优质的物质环境。另外，高校也可以加强与舞蹈教学部门、音乐教学部门等其他部门之间的合作，加大对校内教育资源的整合与共享力度，避免教学资源的重复性建设，并加强对教学资源的优化配置，提高教学资源的利用率。

4. 努力提高体育舞蹈教师的专业技术水平

针对当前我国高校体育舞蹈教师专业水平不够高的问题，各大高校应该积极采取相应的措施，加强对体育舞蹈师资队伍的建设，从而提升体育舞蹈教师的专业水平。具体可以从以下几个方面进行：首先，高校可以积极吸收一些校外专业水平高、教学经验丰富的体育舞蹈教师来校任教，加强体育舞蹈教师之间的交流与学习，以此来提升学校体育舞蹈教师的整体教学水平；其次，高校也可以通过邀请相关专家来校开展培训工作，传授体育舞蹈方面的知识与技能，同时要加强教师对心理学、音乐学、舞蹈学、体育学等相关学科知识的学习，从而逐步实现体育舞蹈教师综合素养的提升；最后，加大培养体育舞蹈教师教学组织能力、教学创新能力及考核评价能力，使教师积极创编出更多符合教学发展需要与时代发展需求的体育舞蹈项目，并将文化教育与艺术教育方面的内容融入体育舞蹈教学过程中，以此来不断拓宽学生的视野，进而实现学生综合素质全面提升的目的。

七、高校排舞教育

排舞是在音乐伴奏下通过重复的固定舞步动作来愉悦身心的一项国际性体育运动。它以音乐为核心，通过风格各异的舞步组合循环，来展现世界各国民间舞蹈的多元文化魅力。排舞非常适合日常健身，它是开展工间操、课间操、全民健身展示表演等活动的主要内容和重要手段，在丰富大众文体生活、培养音乐素养、提高身体素质、了解世界文化、培养礼仪行为、增强团队精神、促进生产力、创建和谐社会等方面具有特殊的作用和意义。当前很多高校已经将排舞列入了常规体育课程中，有的高校甚至将排舞作为健美操专业的必修课程，也有很多高校为了进一步推广排舞，将其作为选修课供学生选择，还开设了排舞社团和排舞俱乐部等。排舞因此渐渐成为高校舞台上的热门舞蹈，学生学习排舞并掌握技巧之后，就可以对上肢动作进行自由的编排，形成各自的特点，在舞台上进行演绎。

（一）排舞在我国的发展

2004 年排舞传入中国，国内排舞发展非常迅速。首先在北京开始推广，举办各种排舞培训班和排舞比赛。2008 年借助奥运会的春风，在天安门广场进行了万人排舞表演，这对排舞在我国的发展起到了重要的推动作用。2011 年为了使排舞运动更加健康、规范、科学地发展，国家体育总局体操运动管理中心在杭州成立了全国排舞运动推广中心，这标志着排舞运动发展进入规范化快速发展轨道。

2013 年，在杭州举办了首届"舞动中国——排舞联赛"，这是全国排舞运动推广中心落户杭州后的首次国家级排舞盛会，比赛有来自全国 9 省 30 市的 60 余支队伍，有 1500 余名运动员、教练员参加。

2014 年，排舞运动打开了进入校园的大门，开展了"阳光排舞进校园"评比活动。我国许多大、中、小学校已经把排舞列入学校体育教学大纲，成为体育专项课、课间操的主要内容，这使排舞运动更加年轻化、潮流化。

（二）高校排舞教学现状

排舞教学中，舞蹈内容是激发学生学习热情的第一要素。教学内容过于单一，无法激发学生的学习兴趣，是目前我国高校在排舞教学中存在的主要问题。教师在教授排舞的过程中，对舞蹈技巧的强调过多，学生盲目记忆技巧，却忽略了对音乐和舞蹈之间关联性的感知，导致学生对排舞舞步记忆不深，容易忘记。教师在挑选排舞配乐时应当考虑学生的需求，挑选符合他们个性的音乐，以此来激发学生学习的积极性。教师在编排舞步时也应当考虑学生的学习能力和水平，尽量简化舞步，减轻学生的学习压力。音乐和舞步如果编排不佳，可能还会出现不搭的情况，这就大大降低了排舞的韵律感，严重影响学生的学习热情。

作为一种较大规模的活动，排舞教学需要较大的空间，因此，为了满足相应的训练需要，学校应安排一些较大的教室或室内场地用于排舞教学。目前，有些开设了排舞课程的高校本身不能提供合适的场地用于教学,通常会将排舞教学安排在户外较适合的场地。这样会产生很多问题:(1)若学生在户外开放式环境中进行排舞练习,排舞进度会在很大程度上受到天气的制约;(2)排舞练习过程中需要音乐的配合,户外比较空旷,杂音较多,严重影响音乐感受;(3)排舞练习时学生数量比较多,音乐感受不好则很容易弄错节拍。由此看来,排舞教学场地的欠缺,会给排舞教学质量造成很严重的影响。

(三)高校排舞的教学模式和教学规划的探索

1. 口令式教学

抓住排舞节奏的变化规律和特点,根据节拍不同进行口令整合,用口令传达动作及节拍要领的方法,就是口令教学。例如波尔卡舞曲基本动作由两个踏步和一个跳踏步组成,舞曲大致分为急速、徐缓和玛祖卡节奏三种类型,一般为二拍子,三部曲式,节奏活泼。体现在口令上就是二四拍与四拍相结合。在口令教学的模式下,教师可以通过让学生编排口令的方式,提高学生的参与度,充分调动学生学习排舞的积极性。教师在此过程中也要多从学生角度看待问题,揣摩他们的需求,考虑他们的意见,将学生思维带入课堂教学中,更好地实现教学目标。

2. 横排推进式教学

传统的排舞教学中,由于学生在舞蹈团队中所处位置不同,教师对每位学生的关注度也不同。一般来说,教师会将更多的注意力放在前排的学生身上,而后排学生所受的关注就会相对较低,这种情况下,不但教学效果会大打折扣,也会打击后排学生学习排舞的积极性。为了规避这个问题,需要对传统的固定位置教学模式进行有针对性的改进,横排推进的教学模式应运而生。在这种模式下,所有学生都有机会占据前排的位置,都能受到教师的关注,让原本的后排学生也能够掌握动作要领,从而激发他们学习排舞的积极性。

3. 小组竞赛式教学

在排舞教学中融入竞赛的机制,能够激发学生的竞争意识,提高学生的学习热情,也能增强学生的团队合作意识。教师可根据实际情况制定相应的比赛规则,并对学生进行分组,进行小组间的比赛。通过比赛增强学生对排舞学习的热情,让学生收获集体荣誉感,提高学生的团队合作意识。

4. 排舞技能设计有交互性

现在学生普遍会用相应的移动智能设施辅助学习，教师在备课时要考虑到这个因素，建立网络交互性空间让学生参与排舞教学内容设计。为了增强学生的学习热情，教师要做到以下两点：（1）通过网络，教师要多方面、深层次地了解学生的学习需要。教师需要灵活归类学生的实际需要，在进行教学技能设计时，要考虑到包括排舞学习的项目类型、技能要求、难度要求、负荷大小、男女搭配要求、服装要求、道具要求等，能顾及多数学生的需要。（2）教师依据排舞运动实践特点，充分发挥移动智能互联网设施的作用。通过即时视频交互，教师和学生可以就自身在教学与排舞上的观点或想法进行真实全面的沟通。

5. 排舞舞美设计有欣赏性

在进行排舞教学的时候，教师与学生通过互联网软件在线及时互换意见。在教学内容的选择和设计方面，教师虽然要尊重学生的意愿和兴趣，但是教师必须占主导地位。学生边欣赏边发表对教学内容设计的看法。排舞教学具有实效性，进行设计时要注意以下两点：（1）排舞造型美的设计。学生的体型、体重、体能、性别与体育能力基础各不相同，教师依据学生的特点，安排排舞节目及其技能特性等，选取或设计定势造型或动态造型用来助推排舞高潮或突显主题。比如，若学生的体型较为肥胖，为了达到排舞的美观，集体性的舞美造型为最佳设计，即整齐的队形队列、节奏与技能幅度。（2）排舞服装美的设计。作为排舞艺术的主要元素之一，丰富多彩的服装支撑着排舞的"排"与舞蹈的"美"。学生对自身的个性和身材特点都有自己的看法，在进行排舞教学备课过程中，教师根据学生的自身看法，利用智能互联网设施设计各种各样的服装。对于身材有缺陷、身材比例不匀称的学生，服装设计要扬长避短。譬如，为了弥补学生的不足，增强自信心，可以多用坠饰，从而提高排舞的整体服装美和舞美。

参考文献

[1] 李佳林. 体育强国背景下高校体育课程改革的现状及发展路径探究 [J]. 拳击与格斗, 2022（02）: 43-45.

[2] 李宝成, 李靖. 体育强国战略背景下高校体育教学现状及发展策略研究 [J]. 文体用品与科技, 2021（21）: 133-135.

[3] 刘超. 体育强国背景下高校体育选项课程的价值思考和本位回归 [J]. 当代体育科技, 2021, 11（02）: 11-13.

[4] 陶宏军. 建设体育强国战略下高校体育俱乐部教学改革研究 [J]. 科技视界, 2020（29）: 58-60.

[5] 陈乐. "体育强国梦"背景下高校体育发展路径探讨 [J]. 教育观察, 2020, 9（34）: 132-134.

[6] 施国山. 习近平体育强国思想背景下高校体育建设探究 [J]. 淮北职业技术学院学报, 2020, 19（01）: 38-41.

[7] 倪春玲. 论瑜伽对大学生身心健康的影响 [J]. 长春师范学院学报（自然科学版）, 2008（06）: 103-105.

[8] 徐焕喆, 赵勇军. 新时代我国高校体育教学改革任务及措施 [J]. 体育文化导刊, 2022（02）: 98-103.

[9] 梁伟, 毛常明, 陈克正. 高校体育教学改革特征与路径探索——基于历届国家级教学成果奖的实证分析 [J]. 中国高教研究, 2021（05）: 86-91.

[10] 胡桂康. 健康中国背景下高校体育教学改革的时代诉求 [J]. 山西财经大学学报, 2020, 42（S2）: 110-113.

[11] 王耀东, 杨卓. 论新时代高校体育教学课程思政 [J]. 高教学刊, 2020（32）: 85-88.

[12] 俞海洛, 方慧, 刘洋, 等. 习近平新时代关于体育的重要论述对普通高校

体育教学改革的启示 [J]. 体育学刊，2020，27（05）：76-81.

[13] 马丽. 高校公共体育教学中的德育渗透研究 [D]. 北京：北京体育大学，2017.

[14] 王国亮. 翻转课堂引入普通高校公共体育教学的研究 [D]. 北京：北京体育大学，2016.

[15] 薛飞娟. 高校体育教学中微课程设计研究 [D]. 吉首：吉首大学，2015.

[16] 梁双双. 体验式培训理念对普通高校体育教学模式改革的影响研究 [D]. 南京：南京师范大学，2014.

[17] 崔艳艳. 我国普通高校体育教学环境研究 [D]. 石家庄：河北师范大学，2012.

[18] 王鑫瑞. 大学生体质健康状况与高校体育教学改革策略研究——以武汉理工大学为例 [J]. 青少年体育，2022（03）：49-50+52.

[19] 林峻先. 高校体育教学改革与大学生终身体育意识的培养研究 [J]. 佳木斯职业学院学报，2021，37（12）：100-102.

[20] 于嘉，王美鑫，蒋吉. 我国高校体育课程理论教学的时代意蕴、现实境遇与路径选择 [J]. 沈阳体育学院学报，2021，40（06）：43-48+64.

[21] 吕超，刘道喜. 混合式教学模式下微课引入高校体育教学的研究与实践 [J]. 遵义师范学院学报，2021，23（02）：160-163.

[22] 许丽. 高校体育教学中翻转课堂教学模式应用研究 [J]. 高教学刊，2020(30)：99-102.

[23] 邹小江，林向阳. 我国高校体育教学改革的缘起、论域、困惑及建议 [J]. 山东体育学院学报，2020，36（02）：112-118.

[24] 孙卫红，张学新. 高校体育教学论课程教学模式改革——基于体育教学论对分课堂教学模式的设计与实践 [J]. 体育成人教育学刊，2017，33（06）：70-73+87+99.

[25] 谢亚骐. 江苏省高校体育专业体育舞蹈课堂教学质量评价体系构建研究 [D]. 南京：南京体育学院，2017.

[26] 杨小燕，蒋苏，朱永振. 基于微课的翻转课堂在高校体育教学中实施可行

性分析 [J]. 南京体育学院学报（自然科学版），2016，15（04）：107-111.

[27] 王蓉. 普通高校体育教学评价模型的构建与实证研究 [D]. 昆明：云南师范大学，2016.

[28] 周建华."教育规划纲要"理念下高校体育教学资源研究 [J]. 武汉体育学院学报，2015，49（01）：79-83.

[29] 马金凤. 我国高校体育教学改革探讨 [J]. 山东体育学院学报，2014，30（02）：105-109.

[30] 王天齐. 终身体育理念下的高校体育教学优化模式分析 [J]. 华东纸业，2022，52（02）：29-31.